# Inhalt

| | |
|---|---|
| 02 | EIN SARG AUS HONGKONG |
| 09 | PIRANHA |
| 10 | HARTE ZIELE |
| 14 | Barbara Crampton |
| 16 | TARANTELN |
| 18 | FEUER & EIS |
| 21 | THOR - DER UNBESIEGBARE BARBAR |
| 24 | NIGHT HUNTER |
| 27 | INTERVIEW: THILO GOSEJOHANN |
| 30 | JOSHUA TREE |
| 34 | MICHAEL DUDIKOFF |
| 40 | TOTAL REALITY |
| 41 | MARTIN KOVE |
| 42 | GROSSANGRIFF DER ZOMBIES |
| 46 | JON HERBERT CYPHER |

**30**

**6**

**36**

## LAURA II

Ein korrupter Staatsanwalt bringt die Reporterin Emanuelle wieder zurück in den Frauenknast. Die sadistischen Wärterinnen und die brutale Gefängnisleiterin machen ihr das Leben unerträglich.

RETRO-FILM

**ALLE DREI MONATE NEU!**

Vergessen war gestern, wir sprechen darüber!

# Ein Sarg aus Hongkong

von Christopher

Der Londoner Privatdetektiv Nelson Ryan findet in seinem Appartement die erschossene Chinesin Jo Ann Jefferson. Kurze Zeit später stattet deren Schwiegervater, der wohlhabende Industrielle William Jefferson, dem Detektiv einen Besuch ab. Er beauftragt Nelson Ryan, die Umstände zu klären, die zum Tod seines Sohnes George geführt haben. Dieser kam angeblich vor fünf Tagen in Hongkong bei einem Autounfall ums Leben. Seine Frau Jo Ann Jefferson ist daraufhin mit einem Sarg nach London gereist, in dem sich die Leiche ihres Gatten befand. Nachdem sich William Jefferson und dessen Sekretärin Janet West von Ryan verabschiedet haben, versucht ein Unbekannter, Ryan umzubringen. Dabei kommt allerdings der Attentäter ums Leben.

In Deutschland wird, was Filme angeht, ja immer gemeckert. „Bei uns gibt es keine coolen Filme!" „Nur Komödien und Liebesschnulzen!" „In Deutschland gibt es kein Genre-Kino!" Moment, doch, gibt es! Gut, heute laufen die eher unter Ferner-Liefen und dümpeln höchstens auf kleinen Festivals herum, doch früher in den 60ern und 70ern sah das ganz anders aus. Wir gehen auf eine Zeitreise in das Jahr 1964, als man bei uns noch reines Unterhaltungskino produzierte und werfen einen Blick auf die legendären **„Hongkong-Reißer"**, die zu dieser Zeit die Menschen massenweise in die Lichtspielhäuser zogen. **EIN SARG AUS HONGKONG** schlägt genau in diese Kerbe. Ein pulpiger Abenteuerkrimi, der trotz Wirrungen sehr unterhaltsam geraten ist.

In den 1960er Jahren florierte das deutsche Genre-Kino. Horst Wendlandts Verfilmungen der Kriminalromane von Edgar Wallace wurden zu großen Publikumshits und ebneten den Weg für, auf internationalem Niveau produzierte, Unterhaltungsfilme made in Germany. Der damals noch eher unbekannte Filmproduzent Erwin C. Dietrich, der vor allem in den 70er Jahren einen zweifelhaften Ruhm durch seine, in Zusammenarbeit mit Trash-Gott Jess Franco entstandenen, Exploitation-Filme erlangte, verdiente sich seine ersten Sporen ebenfalls mit Kriminalfilmen, die im Fahrwasser der Edgar Wallace-Reihe entstanden. In Zusammenarbeit mit Constantin-Film wollte Dietrich einen großen Abenteuer-Krimi produzieren. Vor exotischer Kulisse und im Stil der James Bond-Filme wollte er **EIN SARG AUS HONGKONG** drehen. Wolfgang C. Hartwig erschuf vorher bereits ähnlich gelagerte Streifen, wie **HEISSER HAFEN HONGKONG**, und erwirtschaftete gute Einspielergebnisse. Also schloss man sich mit französischen Produktionspartnern zusammen und erschuf einen pulpigen, sowie vergnüglichen Krimi in Fernost. Als Regisseur und Autor fungierte Manfred R. Köhler, der zuvor nur als Synchron-Regisseur gearbeitet hatte und hier sein Debüt bei einem Spielfilm gab, was man relativ schnell merkt, denn die Geschichte ist nicht unbedingt die Stärke des Films.

## Im Fahrwasser der Edgar Wallace Filme

Das Ganze wirkt etwas überladen und verliert sich ab und an in Logiklöchern, beziehungsweise in Wirrungen. Ich, als Zuschauer, musste schon ein paar Mal auf die Skip-Taste drücken, um nochmal nachzuvollziehen, was jetzt die neueste Wendung in diesem Streifen ist.
Köhler packt den Film mit kleinen Twists und Überraschungen voll, die aber am Ende nicht wirklich zünden, sondern den Betrachter etwas verwirrt zurücklassen. Auch die Auflösung wirkt etwas dahin geschludert, denn wirklich fundierten Sinn ergibt vieles nicht. Da waren die Wallace-Filme schon besser erdacht und selbst die achteten nicht immer auf Logik und Kontinuität. Aber wenn man darüber hinweg sieht, so fern einem das leicht fällt, kann man mit diesem Streifen Spaß haben. Die Hongkong-Kulisse macht
einiges her und Köhler liefert schöne Bilder, die dem Film einen angenehmen Touch geben. Man ist hier auch wirklich nach Hongkong gereist um zu drehen, und hat nicht, wie so oft, nur Stock-Footage benutzt. Es gibt schön pfiffige Dialoge mit netten Sprüchen, die äußerst unterhaltsam sind und den Spaß-Faktor nach oben schrauben.

Was mir sehr gut gefallen hat, ist dieser, sehr an Bond erinnernde, Agenten-Film Stil, den man hier aufführt. Exotische Kulisse, schöne Frauen und ruchlose Gangster. Und mittendrin Heinz Drache, der in bester Bond-Manier flirten, prügeln und kommentieren darf. Generell versucht sich der deutsche Star hier als cooler Held in Szene zu setzten. Spätestens wenn er im weißen Anzug durchs nächtliche Hongkong flaniert, dachte ich automatisch an Sean Connerys Auftritt im Prolog zu **GOLDFINGER**, der passenderweise zur selben Zeit erschien.

Es ist, wie so oft, dieses unverblümte 60er Jahre Flair, welches in jedem Bild zu spüren ist. Ein aufregendes Abenteuer für Jungs, die mal in eine *„andere Welt"* eintauchen konnten, welche man so noch nicht kannte. Hongkong, mit seinem speziellen Look und der asiatischen Kultur, war zu dieser Zeit der Idealschauplatz für so einen, auf Action getrimmten, Krimi. Was die eben erwähnte Action angeht, versucht der Regisseur ordentlich was zu bieten. Viele Keilereien werden dem Zuschauer serviert, die zwar heute nicht mehr unbedingt überzeugen können, aber auf ihre etwas trashige Art und Weise ziemlich unterhaltsam sind. Alles wirkt wie so eine *„kleine Jungs"*-Fantasie, die man hier auslebte, was nicht von ungefähr kam, denn die Geschichte basiert auf dem gleichnamigen Roman von James Hadley Chase. Der britische Autor schrieb knapp einhundert Romane und widmete sich bevorzugt Agenten- und Gangstergeschichten, die zahlreich verfilmt wurden. Vieles aus den 60er Jahren war stark an James Bond angelegt, was ja bekanntlich das Non-Plus-Ultra war, was das Agenten-Genre zu bieten hatte. *EIN SARG AUS HONGKONG* passt perfekt in dieses Bild. Ein charmanter, schlagfertiger Held in Fernost, der natürlich am Ende die Frau betören kann. Ein germanisches Rip-Off englischer Genre-Kultur. Wo findet man das heute noch? Richtig, nirgendwo. Gerade deswegen schätze ich diese Filme, im speziellen dieses Werk, da es eine ausgestorbene Gattung darstellt und beweist, dass deutsche Filme wirklich mal cool waren. Dazu kommt auch die gute Besetzung. In der Hauptrolle natürlich Heinz Drache, der bereits als Inspektor in den Wallace-Verfilmungen schon Krimi-Luft schnuppern konnte und hier mit Bravour, seine Lässig- und Schlagfertigkeit beweist. Mit immer gut sitzender Frisur ist es wunderbar ihm zuzuschauen. Daneben steht direkt Ralf Wolter, den man aus den Winnetou-Filmen kennen dürfte, und der auch hier als witziger Sidekick fungiert. Er und Drache geben ein schönes Team ab, welches von Elga Andersen abgerundet wird, die als mysteriöse Schönheit etwas Glanz in die Sache bringt. Des Weiteren wird das Ganze mit deutschen Stars, wie Willy Birgel und Sabina Sesselmann in kleineren Auftritten garniert. Auch der Dreh verlief nicht ohne Reibereien, denn Dietrich überwarf sich mit, in Hongkong ansässigen, Dienstleistern und verließ die Produktion, weshalb, der im Metier bereits erfahrene, Produzent Wolfgang C. Hartwig einsprang, der Film als drittes Werk in der Reihe, der von Hartwig produzierten „Hongkong-Reißer" steht. Ein prädestinierter Ersatz, könnte man sagen.

Wer sich dieses deutsche Genre-Kleinod zulegen möchte, kann entweder zur Blu-Ray von **FILMJUWELEN** greifen oder zur Edition von **ASCOT**, die ebenfalls auf blauer Scheibe zu haben ist. Beide sind ungekürzt, wobei die erstgenannte Veröffentlichung noch mit dem originalen deutschen Kino-Vorspann punkten kann.

**EIN SARG AUS HONGKONG** ist ein schönes, unterhaltsames Abenteuer in Fernost. Zwischen pulpigem Krimi und James Bond Rip Off chargierender Genre-Film, der zwar etwas überladen und überkonstruiert ist aber dennoch als nostalgische Reise in den Kosmos deutscher Unterhaltungsfilme hervorragend funktioniert.

HongKong Reisser aus Deutschland

Vergessen war gestern, wir sprechen darüber!

+++ACTION+++

# LIVE WIRE: HUMAN TIME BOMB (1996)

von Stefan

FBI-Agent Jim Parker (Bryan Genesse) nimmt den kubanischen Gangster Pablo (Franz Dobrowsky) fest, als dieser zwei vom Militär entwickelte Computerchips kauft, mit denen man Menschen in gefügige Killer verwandeln kann.
Parker und seine Vorgesetzte Gina (J. Cynthia Brooks) wollen Pablo bei seinem Onkel, dem kubanischen General Arnaz (Anthony Fridjohn) gegen Ginas Bruder Mike (Gavin Hood) eintauschen. Doch bei dem Austausch werden die beiden von den Kubanern gefangengenommen und Parker bekommt einen der Chips implantiert. Nun soll er als Killer für Arnaz fungieren, doch bei einem Einsatz kommen Erinnerungen an sein früheres Leben zurück...

Die 80er und 90er Jahre waren geprägt von Action-Streifen. Wie Pilze aus dem Boden sprossen die oft schnell gedrehten Streifen in die Videothekenregale, immer auf die Gunst der Ausleiher aus.
Vor allem lag es an den realen Möglichkeiten und dem technischen Fortschritt. Die Cyber-Technologie war schon einen gewaltigen Schritt weiter und hielt nicht nur im Real-Life Einzug.
Man kennt die Mischung aus Mensch und Maschine nur allzu gut aus unzähligen Streifen. Viele Blockbuster und Videothekenknaller bedienten sich zunehmend dieser Thematik und versuchten sie filmisch umzusetzen. Man denke da nur an **TERMINATOR, CYBORG COP, ROBOCOP** und was es sonst noch so alles gab.

### MENSCH IST EINE ZEITBOMBE

Im Jahr 1995 versuchte sich Regisseur Mark Roper ebenfalls daran. Mit seinem Beitrag mit dem Titel **HUMAN TIMEBOMB**. 1988 startete Roper seine Karriere als Regisseur mit dem Film **MIDNIGHT FOREST**. Später arbeitete er noch mit dem B-Movie- Schauspieler Frank Zagarino mehrere Male zusammen. Sie drehten gemeinsam Filme wie **SHADOWCHASER** oder **WARHEAD**, doch zu den bekanntesten Werken von Roper zählen sicherlich **OPERATION DELTA FORCE 3** und **4**.

Vergessen war gestern, wir sprechen darüber!

Für die Rolle des Ex-Marine Jim Parker wurde Bodybuilder Bryan Genesse auserwählt. Der mittlerweile 49-jährige kann auf eine recht abwechslungsreiche Filmlaufbahn zurückblicken. Er spielte in Filmen wie **SHADOWCHASER 2** und **CYBORG COP 3** mit. Wie man recht schnell erkennt, mimte er in seiner Laufbahn schon des Öfteren einen Elite-Soldaten der mit Hilfe der Computertechnologie zur Kampfmaschine mutiert.

## Elite-Soldat mittels Computerchip

**HUMAN TIMEBOMB** ist ein B-Movie- Actioner der sich sehr viel aus anderen Werken dieses Genres bedient. Gut geklaut ist schon die halbe Miete.
Schon in den ersten 10 Minuten sitzt man vor dem Fernseher und denkt: Oha, da kracht es aber gewaltig! Das stimmt auffallend! Recht schnell wird einem der Charakter des Jim Parker vorgestellt - im schicken braunen Mantel, blaue Jeans, schwarze Cowboystiefel und lässig den Waffenholster vor der rechten Leiste positioniert. Ein Ex-Marine der nun für das F.B.I. ermittelt und sich mit Vorliebe an die Fersen kubanischer Gauner klemmt. Jim trägt offensichtlich noch gerne die T-Shirts aus seiner Marine-Zeit und natürlich darf auch die Hundekette nicht fehlen. Dann kracht, zischt und explodiert es gewaltig. Ein wilder Schusswechsel zwischen Jim, den Bösewichten und einem Hubschrauber entbrennt. Da wird auch schon mal zur Panzerfaust gegriffen. Dass hierbei die bösen Buben mehr daneben schießen als unser Held, dürfte jedem klar sein, denn schließlich darf unsere Hauptfigur nicht schon in den ersten Minuten den Löffel abgeben.

Das Tempo sinkt nach dem spektakulärem Anfang zunehmend ab. Der Zuschauer begleitet den geplanten Austausch eines in Haft genommenen Kubaners (der Neffe eines Politikers aus dem Land der Zigarren) gegen Jim Parkers lange verschollen geglaubten ehemaligen Marine-Kameraden, so wie dem Bruder der F.B.I. Agentin, die den Austausch in die Wege geleitet hat. Jim begleitet sie nach Kuba, doch der geplante Austausch platzt und Jim wird zur Marionette eines perfiden Spiels:
Um an die Macht des Landes zu kommen, werden zahlreiche Söldner, Verurteilte und verstoßene Soldaten aus aller Welt zusammengetrieben um einen Militärputsch zu vollziehen. Auch Jim fällt in die Hände der Armee und wird mithilfe eines Chips zum willenlosen Elite-Soldaten der Kubaner. Doch die Erinnerungen sind nicht ganz blockiert. Jims Innerstes kämpft gegen diesen Umstand an und es gelingt ihm, sich sowohl gegen die Kubaner, als auch gegen diese Technik zu wenden. Ein blutiger und heftiger Kampf gegen alle beginnt.

**HUMAN TIMEBOMB** bedient sich auffallend am Science-Fiction Genre: Die Nutzung der Computertechnologie in Form eines geheimen Mikrochips, der bei Soldaten das Gedächtnis blockiert und sie zu willenlosen und gehorsamen Kampfmaschinen macht, ist zum Glück noch Zukunftsmusik. Was direkt auffällt: Statt die Protagonisten noch mit einer entsprechenden (Schutz)Ausrüstung, auszustatten, wird ihnen lediglich der besagte Mikrochip in den Hals implantiert. Diese einfache Inszenierung lag bestimmt am geringen Budget, welches den Filmemachern zur Verfügung stand. Schlecht ist die Idee ja nicht, aber ein wenig mehr Trick und Raffinesse wären hier vorteilhaft gewesen - allein schon bezüglich der Glaubwürdigkeit und um einen Hauch von Realismus einzubringen. Positiv sei erwähnt:

Die Verstrickung der Charaktere im Film, sowie deren Vergangenheit und ihre familiären Verhältnisse, wurden geschickt vom Regisseur umgesetzt. Dadurch wird der Spannungsaufbau gut aufrecht erhalten. Lediglich durch einige belanglose und oft dialogschwache Szenarien wird das Tempo gedrosselt. Doch bevor der Zuschauer ins Land der Träume abdriftet, knallt es schon wieder. Blutige Fights, Shoot-Outs und zahlreiche Explosionen wecken den dämmernden Zuschauer wieder auf.

Obwohl sich **HUMAN TIMEBOMB** viel an anderen Filmen orientiert, sie miteinander vermischt und keine eigenen Ideen vorbringt, macht der Streifen Laune. Ein unterhaltsamer Actioner aus den 90er Jahren. Mit ein paar Längen und Macken im Plot, aber: Hirn aus, Film ab! Bei einem Actionstreifen fragt man nicht immer nach Logik und Realismus. In erster Linie soll er unterhalten. Das gelingt **HUMAN TIMEBOMB** auf ganzer Linie. Ein gutes Beispiel dafür, dass man auch mit weniger Budget und teils namenlosen Akteuren einen Film drehen kann.

In Deutschland ist er auf VHS und DVD erschienen, doch sind beide Versionen leicht gekürzt worden und befinden sich auf dem Index. Knapp 4:30 Minuten wurden aus dem Film entfernt, zumeist die Actionszenen wurden zurecht gestutzt.

Vergessen war gestern, wir sprechen darüber!

+++HORROR+++

# PIRANHA (1978)

*von Till*

Die Privatdetektivin Maggie McKeown untersucht den Tod von zwei Teenagern. Diese wurden in einen großen Becken seltsam verstümmelt aufgefunden. Um weitere Untersuchungen zu veranlassen, wird das ganze Wasser aus dem Becken abgelassen. Sehr zum Unmut von Professor Hoak. Denn in diesen Becken waren vom US-Militär für den Vietnamkrieg gezüchtete, hoch aggressive Piranhas. Diese suchen sich nun weitere Opfer in einen Fluss. Die Jagd beginnt.

## Klasse ironische Alternative zum Weissen Hai

Hier zeigt Joe Dante schon sein ganzes Können und seinen Hang zu bekannten und altgedienten Genrestars wie Kevin McCarthy (**BODY SNATCHERS**) oder Barbara Steele (**DAS PENDEL DES TODES**), der (und viele andere auch) ja immer wieder in seinen späteren Filmen auftrat.

Der Film fährt zwar im Kielwasser von **DER WEISSE HAI**, ist aber kein Abklatsch.
Es ist ein eigenständiger höchst ironischer Film, der mit einigen guten Effekten aufwartet und das Genre liebevoll auseinander nimmt und leicht parodiert. Die Geschichte ist wirklich nichts neues, aber die Art und Weise wie Dante mit den Erwartungen spielt und was er aus dem Script (Im Übrigen geschrieben vom späteren Regisseur John Sayles) rausholt ist wirklich gut.
Humor wechselt sich ab mit Horror und den ganzen Film über hat mein ein Grinsen im Gesicht. Aber nicht aus Bosheit, sondern weil Dante immer mit einem Augenzwinkern inszeniert.

## Spannend und witzig

Der Film zog eine direkte Fortsetzung nach sich. 1981 erschien **PIRANHA 2 – FLIEGENDE KILLER**, das Regiedebüt von James Cameron (der aber diesen Film nur für die Regie einsprang. Ursprünglich sollte er nur die SFX machen) und zwei Remakes (1995 und 2010). Der Film **KILLERFISCH** von 1979 hatte auch den Titel PIRANHAS II – DIE RACHE DER KILLERFISCHE. Dieser hat aber mit den Film von Dante nichts zu tun. Eine typische *„Titelmogelpackung"*.

Den Film gibt es in unzähligen Varianten. Und auch wenn ich nur bedingt ein Fan davon bin, aber im empfehle in diesen Fall das Mediabook von Koch Media. Liebevoll gestaltet und mit 1A-Zusatzmaterial.

Vergessen war gestern, wir sprechen darüber!

# HARTE ZIELE

**HARTE ZIELE** – und ein noch härterer Jean-Claude van Damme! Mit diesem einfachen aber wirksamen Satz wirbt die deutsche Heimkino Veröffentlichung für das US-Debüt von Hongkongs Regie-Virtuosen John Woo. Und treffender kann man diesen Film nicht bezeichnen, denn **HARTE ZIELE** aus dem Jahr 1993 ist ein verdammt unterhaltsamer Action-Kracher, der auch beim x-ten Mal noch Spaß macht.

Ich war gerade siebzehn Jahre alt, als ich mit Freunden und Freundinnen einen feuchtfröhlichen Camping-Urlaub bestritt. An einem bierseligen Abend mit viel Spaß und guter Laune kam ich zu später Stunde auf die zündende Idee, um dem bisherigen Geschehen noch die letzte Note zu verpassen. Nein, ich bin weder nackt über den Platz gerannt, noch habe ich zur Gruppenorgie aufgerufen! Ich hatte eine TV-Zeitschrift in der Hand und las, dass in ungefähr 20 Minuten **HARTE ZIELE** im Fernsehen gezeigt wird. Mit den Gedanken noch bei dem TV-Spot, den ich ein paar Tage zuvor noch gesehen hatte, animierte ich meine Mitreisenden vor dem kleinen Fernseher im Wohnmobil Platz zu nehmen. Ich hatte den Film noch nie gesehen und dachte ein Jean-Claude van Damme-Vehikel wäre zu diesem Zeitpunkt genau das Richtige, denn ich kannte den belgischen Martial-Artist nur vom Hörensagen und wollte meine Bildungslücke schließen. Kurz und knapp, es war das Richtige. Ich und meine Kumpels, die Mädels eher weniger, waren restlos begeistert von diesem testosterongeschwängerten 90er Reißer. Leider war es nur die gekürzte FSK 16 Fassung, die wir zu sehen bekamen. Unwissend über diesen Zustand, feierte ich diesen Streifen total ab. Diese Begeisterung hielt sich über Jahre, bis ich den Film endlich ungekürzt, inklusive der Unrated-Fassung, auf Blu-Ray erwerben konnte. Seit dem habe ich ihn bestimmt ein paar Mal gesehen und einen Tag vor dieser Review landete er wieder einmal im Player und ich hatte wieder so einen Spaß.

von Christopher

Der Film punktet schon mal mit einer sehr coolen Geschichte. Skrupellose Geschäftsmänner veranstalten illegale Menschenjagden für reiche Kunden, ein schön reißerisches Set-Up, welches genug Legitimation für ordentliches Backenfutter ist. Mit knapp 100 Minuten, zumindest in der Unrated-Fassung, ist der Actioner sehr kurzweilig geraten und bietet kaum Längen. Denn auch in den Szenen in denen nicht geschossen, gekämpft oder irgendetwas in die Luft gejagt wird, hat das Ganze einen guten Flow, was bei John Woo nicht unbedingt zu erwarten ist. Der, quasi, Erfinder des *„Heroic Bloodshed"* neigte ja in seinen früheren Werken zu sehr pathetischem Kitsch, den er in spektakuläre Action-Szenen einbaute.

In **HARTE ZIELE** nimmt er sich in dieser Hinsicht sehr zurück, was wahrscheinlich am Studio und den Produzenten lag, die ihm etwas die Daumenschrauben anlegten. Natürlich hat er seine Klischeebilder, in denen van Damme etwas posen darf und zeigen kann, was für eine geile Sau er auch ist. Aber gerade das ist angenehm, denn so kann Woo entspannt und ohne unnötige Sperenzien eine Story spinnen, die, trotz ihrem einfachen Verlaufs, gut funktioniert und bis zum Schluss mitreißen kann. Aber bei einem John Woo-Film wollen wir uns ja nicht unbedingt mit der Dramaturgie beschäftigen, sondern mit der wichtigsten Zutat: Der ACTION. Und die kracht ordentlich. Woo wendet seine ganze Palette an und zaubert wunderbar choreographierte Action-Sequenzen, die rocken. Wenn Jean-Claude van Damme seine Gegner vermöbelt, dann wirbelt er kunstvoll durch die Luft, macht Saltos und sieht dabei immer cool aus. Wenn er sich auf einer Motorhaube abstützt und einen Motorradfahrer in Zeitlupe vom Bike kickt, dann schlägt mein Herz vor Freude, ich meine was kann einen Mann noch mehr begeistern?

Richtig, die restliche Action. Egal ob die Jagdszenen, der alberne, aber wunderschöne Stunt auf der Autobahn oder das Finale in der Lagerhalle, lassen mich wild applaudieren. Wenn van Damme die Bösewichte um die Ecke bringt, in dem er ganze Magazine auf sie feuert, und mit Shotgun bewaffnet, sowie nur noch mit Feinrippunterhemd bekleidet, in Zeitlupe für Ruhe im Karton sorgt, dann macht das einfach, ich kann es nicht genug betonen, extrem viel Gaudi. John Woo überträgt seine Skills, die er in Hongkong perfektioniert hat, wunderbar in die westliche Welt, walzt sie jedoch nicht so aus.

Die Action-Szenen dauern nicht mehr eine halbe Stunde, sondern sind knackiger inszeniert, was den Film zu keiner Sekunde langweilig werden lässt. Der Bodycount ist ziemlich hoch und auch die Gewaltdarstellung ist schön saftig, so saftig, dass der Film sieben Mal der MPAA vorgelegt werden musste, um ein R-Rating zu bekommen.

# +++ACTION+++

Aber das sind nicht alle Punkte, die **HARTE ZIELE** zu einem Fest machen, denn auch die Darsteller leisten ganze Arbeit. Ganz vorne natürlich Jean-Claude van Damme als Chance Boudreaux, der nicht nur mit einer wunderschön albernen VuKuHiLa-Frisur punkten kann, sondern auch mit Fäusten und Kanonen. Wie auch in anderen Film versprüht der belgische Haudegen eine schöne Coolness und genügend Charme, um als Held zu funktionieren. Ihm zur Seite steht eine hübsche Yancy Butler, die zwar gut aussieht, aber sehr blass bleibt und nur als die brave Schönheit da ist, die von Jean-Claude gerettet wird. Sehr geil sind im Gegensatz dazu die Bösewichte. Genre-Star Lance Henriksen als Chef der Manhunter-Connection spielt mit so viel dämonischer Ausstrahlung, dass er unseren Hauptfiguren sehr oft die Show stiehlt. Sein Zusammenspiel mit Arnold Vosloo als sein Henchman van Cleef ist so wunderbar böse und charismatisch, dass ich behaupte Henriksen ist der heimliche Star des Films. Gleiches gilt für Vosloo, der ebenfalls eine starke Performance abliefert. „Harte Ziele" ist einfach ein Gaumenschmaus für Action-Fans, der erst kürzlich endlich seinen Weg vom Index gefunden hat und nun, in der Unrated-Fassung fei ab 18 Jahren von „*Koch-Media*" im schicken Steelbook vertrieben wird. Mit wunderbarer Bild- und Tonqualität ein Muss für jede Actionfilm-Sammlung.

John Woos Hollywood-Debüt **HARTE ZIELE** ist eine echte Granate. Geile Actionszenen mit wilden Shootouts in bester „*Heroic Bloodshed*"-Manier, ein cooler Jean-Claude van Damme und ein hervorragendes Bösewichts-Duo machen diesen 90er Jahre Kracher zum Pflichtprogramm für Genre-Fans. Ein Film, den man immer wieder schauen kann und der, in meinen Augen, van Dammes bester Film ist.

# Bring mir den Kopf von Alfredo Garcia (1974)

*von Till*

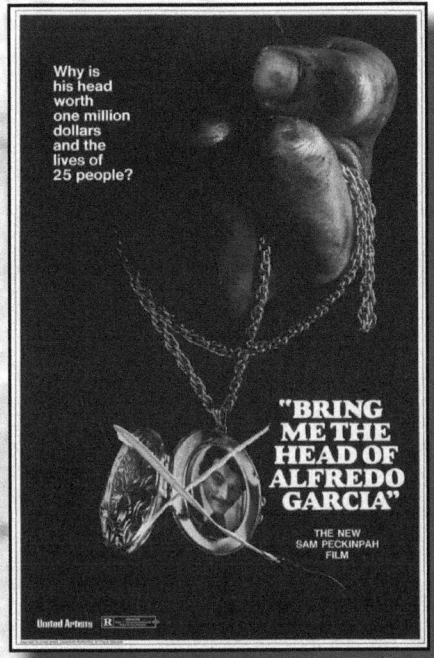

Theresa, die Tochter des reichen mexikanischen Patriarchen El Jefe ist schwanger. El Jefe ist das ein Dorn im Auge und er quält aus Theresas Mund den Namen des potentiellen Vaters heraus: Alfredo Garcia. Er setzt ein Kopfgeld von einer Millionen Dollar aus. Diese wollen sich die beiden Kopfgeldjäger Quill und Sappensly verdienen. Sie suchen den Barpianisten Bennie auf, der wohl Informationen über Garcia hat. Als Belohnung soll er 10.000 Dollar bekommen. Aber Bennie gibt sich damit nicht ab und macht sich selber, zusammen mit seiner Freundin, auf den Weg Garcia zu suchen. Er findet ihn auch. Nur ist dieser bereits tot und vergraben. Da El Jefe ja einen Preis für den Kopf von Alfredo Garcia ausgesprochen hat, nimmt Bennie dies wortwörtlich. Aber er hat nicht mit den beiden Kopfgeldjägern gerechnet, die hinter ihn her sind.

Ein visueller Kraftakt Peckinpahs der von seinen inhaltlichen und optischen Kontrasten lebt. Kaum zeigt der Film die Schönheit Mexikos oder das kurze Aufflackern von Freiheitsgefühl zerstört es Peckinpah mit rohen, kompromisslosen Bildern, die exakt dort platziert sind wo man sie am wenigsten erwartet. Peckinpah setzt Leben und Tod gegenüber um die Spirale der Gewalt auf die Spur zu kommen. Zeigen tut er das am Beispiel des Pianisten, der erst (vom Geld) verführt wird und dann gedemütigt wird um schließlich der Raffgier zu verfallen und eine Blutspur hinter sich herzieht. Der Mechanismus von Gewalt zeigt er als einen Akt von außen und vom Inneren Wesen des Menschen. Die Gründe von der Anwendung von Gewalt sind vielschichtig, hier aber auch sehr undurchschaubar. Genau das spornt zum „Nochmal ansehen" an.

## Zynisch und bitterböse

Dieser Neowestern, der brillant das Thema Kopfgeldjäger variiert, bietet einen großen Spielraum um die Welt zu zeigen wie sie sich entwickelt wenn sie nur käuflich und verdorben ist.
Warren Oates, als unfreiwilliger Held wider Willen, bietet die mit beste Performance seines Lebens ab. Allein die Monologszenen im Auto sind von einer bestechenden Brillanz wie selten. Peckinpah, der unverwüstliche Rebell des Films, der seine Filme ohne Rücksicht auf Normen drehte, der neue Szenarien entwickelte, der die Zeitlupenkamera perfektionierte (weit vor John Woo) und der es schaffte Inhalt und Aktion kongenial miteinander zu verknüpfen schuf hier ein vergessenes, bitterböses, zynisches Werk über Leben und Tod.

*Vergessen war gestern, wir sprechen darüber!*

# BARBARA CRAMPTON

Barbara Crampton – Geboren am 27.12.1958 in Levitton, Long Island, New York, USA

Barbara Crampton ist wohl eine der bekanntesten Scream-Queens der 80er Jahre. Geboren im Staate New York wuchs sie katholisch erzogen in Vermont auf. Ihr Vater war Angestellter bei einem Wanderjahrmarkt in den Staaten. Durch diese Tätigkeit ihres Vaters als sogenanntem Carnie reiste Barbara als kleines Kind in den Sommermonaten immer mit ihren Vater umher. Bereits in jungen Jahren spielte sie Theater. Sie ging an das Castleton State College in Vermont und begann dort Theater zu studieren. Sie machte ihren Bachelor of Arts in diesem Studiengang. Nach ihrem Abschluss ging sie nach New York und spielte dort die „Cordelia" in einer Aufführung von **KÖNIG LEAR** beim America Theater of Actors. Nach ihrer New York Station zog sie nach Los Angeles. Dort ergatterte sie 1983 die Rolle der Trista Bradford on der TV-Seifenoper **ZEIT DER SEHNSUCHT**. Es wurde ihr Fernsehdebüt.

## DAS HERUMZIEHENDE PLAYMATE

Das Fernsehen wurde ihre Heimat. Besonders im Bereich der TV-Serie, bzw. der Seifenopern, war sie zu finden.

von Till

So spielte sie von 1993 – 1995 in der **SPRINGFIELD STORY** (35 Episoden) mit. Gefolgt von **REICH UND SCHÖN** in den Jahren 1995 bis 1998 mit 141 Episoden. Hinzu kommt noch **SCHATTEN DER LEIDENSCHAFT** in einer wiederkehrenden Rolle zwischen den Jahren 1988 bis 2007 mit 58 Episoden. Für diese Seifenoper gewann sie einen Soap Opera Digest Award (selbst die Seifenopern haben in Amerika ihren eigenen „Oscar"). Neben diesen Seifenopern sah man sie aber auch in anderen TV-Serien wie **DIE NANNY, DER PRINZ VON BEL-AIR** oder **CALIFORNIA CLAN**.

Die 1,63 Meter große Crampton startete neben dem Fernsehen auch im Film durch. Zumindestens im Genrebereich ist sie keine Unbekannte. 1984 spielte sie eine kleine Rolle in Brian de Palmas **DER TOD KOMMT ZWEIMAL** und hatte ein Jahr später in der Komödie **AMERICAN EISKREM** eine etwas größere Rolle als Chrissie. Im selben Jahr spielte sie Megan Halsley in der Horrorkultkomödie **RE-ANIMATOR** an der Seite von Jeffrey Combs. Der Film von Stuart Gordon wurde ihr Durchbruch im Genrebereich. So spielte sie ebenfalls in den Stuart Gordon Filmen **FROM BEYOND – ALIENS DES GRAUENS** (1986) und **CASTLEFREAK** (1995). Auch für **PUPPET MASTERS** (1989), **TRANCERS II** (1990), **ROBOT JOX 2** (1992) oder **CHOPPING MALL** (1986) stand sie vor der Kamera. Crampton stand im Jahre 1986 für den PLAYBOY vor der Kamera. Unter den Titel „Simply Beastly. Behind every successful monster, there´s a woman" zeigte sie sich wie Gott (oder wer auch immer) sie schuf. Sie war zwei Jahre lang (1988 – 1990) mit dem Kameramann David Boyd verheiratet. Mit ihren zweiten Mann Robert Bleckman lebt die begeisterte Skifahrerin außerhalb von San Franzisco und hat zwei Kinder. Neben dem Skifahren ist sie noch in anderen Sportarten sehr aktiv. Sei es im Laufen, Yoga, Reiten oder Fitnesstraining. Die passionierte Flohmarktgängerin gehört nach wie vor zu einen der schönsten Frauen im Filmgeschäft. Auch wenn die großen Rollen leider noch nicht gekommen sind.

Der TV-Film beginnt wie in guten alten **ZWEI HIMMELHUNDE AUF DEN WEG ZUR HÖLLE**-Zeiten. Die zwei Abenteurer, gespielt vom Genreveteran Tom Atkins (**THE FOG, HALLOWEEN III, MANIAC COP, DIE NACHT DER CREEPS, DIE KLAPPERSCHLANGE**) und Howard Hesseman (**DER FLUG DES NAVIGATORS, POLICE ACADEMY 2**) laden ihre Fracht ein. Untermalt ist das Ganze von wunderbarer 70er Jahre Easy Listening Musik. Es werden Witze gerissen und flotte Sprüche gibt es gratis dazu. Es fängt alles ganz harmlos an. Dann kippt die Stimmung. Während der Szenen während des Sturms im Flugzeug nimmt die Bedrohung langsam Formen an. Die drei illegalen Auswanderer müssen als erstes dran glauben. Diese Szenen zeigen schon recht deutlich, dass dieser Film sich weniger im fantastischen bewegt wie andere Vertreter dieses Subgenres. Hier gibt es keine riesigen Spinnen, keine genmanipulierten Achtbeiner. Hier sind es die kleinen Taranteln, die darauf warten Angst einzuflößen. Dabei basiert die Spannung nicht auf die Vielzahl dieser Viecher. Eher basiert die Angst die den Zuschauer umschleicht auf dem Realismus der Bilder. Letzen Endes reagieren diese Tiere nur auf Aktionen. Sie verteidigen sich und geraten selber in Panik.

### ACHTBEINIGER REALISMUS

Regisseur Stuart Hagman hatte mit Sicherheit kein großes Budget. Das brauchte er aber auch gar nicht. Er schafft etwas, was wenige Filme schaffen: aus wenig viel rauszuholen. Natürlich kann man meckern und postulieren, dass vieles unlogisch erscheint. So ist der Flug von Ecuador nach Kalifornien extrem kurz. Auch die Lösung, die Spinnen per Insekten anzulocken und sie dann mit Geräuschen von fliegenden Wespen in Schockstarre zu versetzen erscheint vollkommener Humbug zu sein. Aber mitnichten. Diese sogenannte Schreckstarre oder Katalepsie gibt es tatsächlich. Hierbei versetzen sich die Tiere in Starre wenn sie sich bedroht fühlen. Also so weit hergeholt ist das nicht. Und das ist das besondere an diesen Film: der Realismus. Natürlich erreicht er nicht die Intensität von solch einen Meisterwerk wie **MÖRDERSPINNEN** (aus denselben Entstehungsjahr 1977). Das geht auch gar nicht. Ist doch **MÖRDERSPINNEN** für mich das Maß aller Dinge wenn es um Spinnenhorror geht. Aber dennoch ist **TARANTELN** ein sehr guter Vertreter dieses Subgenres. Und wie schon so häufig gesehen in Filmen der 70er Jahre, gibt es auch im fantastischen Film eine gewisse Konsequenz. So sterben hier eben auch Frauen und Kinder und das auf recht dramatische Weise.

Vergessen war gestern, wir sprechen darüber!

+++TIER-HORROR+++

# TARANTELN – SIE KOMMEN UM ZU TÖTEN (1977)

von Till

Auch dies macht den ganzen Film sehr realitätsnah. Was ihn auch über anderen Filmen herausragen lässt, sind die schauspielerischen Leistungen. Keine übertriebene Darstellung der Personen. Kein „Over-Acting". Figuren basierend auf normalen Menschen. Das erreichen solch Schauspieler wie Claude Akins (*RIO BRAVO, SCHLACHT UM DEN PLANET DER AFFEN*), Deborah Winters (*OPA KOTCH, KLAUEN DES TODES*) oder Pat Hingle (*BATMAN, BATMANS RÜCKKEHR, DIRTY HARRY IV*) mit Bravour. Lediglich das Ende kommt zu abrupt. Das ist ein wenig schade. So wird der recht positive Gesamteindruck doch geschmälert. Man hat das Gefühl, der Film sollte ein anderes Ende bekommen. So ist das Ganze ein wenig zu schnell vorbei. Für Stuart Hagman war dies sein letzter Film. Im Laufe seiner Karriere führte er nur bei sieben Produktionen Regie. Er setzte sich nach diesem Film zur Ruhe. Der Film war zweimal für den Emmy nominiert in den Kategorien Bester Tonschnitt und Bester Ton, gewann aber keinen davon. Der Film wurde erst 1981 in Deutschland ausgestrahlt. Eine VHS gibt es von Vegas Video (den habe ich gesehen) und als DVD von Imperial Pictures.

Vergessen war gestern, wir sprechen darüber!

+++ZEICHENTRICK+++

von Bernhard

# Feuer+Eis (1983)

Ah ja...die Low-Fantasy der 70er und 80er. Ich mag zwar mit meinen 23 Jahren mehr mit den ambitionierten durchdachten Genre-Krachern **DER HERR DER RINGE** und **HARRY POTTER** aufgewachsen sein, aber die guten alten Streifen habens mir dennoch angetan.

Welchem Jungen geht nicht das Herz auf, wenn halbnackte Kerle sich durch halbnackte Monster schnetzeln um halbnackte Frauen zu retten? Wer hier schon aufhorcht kann beruhigt weiterlesen, denn „Feuer&Eis" ist genau das! Angeregt durch **Robert E. Howard** erfolgreiche Pulp-Heftchen über den Barbarenhelden Conan zogen die 70er einige Fantasy-Filme auf. Dann trat 1977 das Massenphänomen **„Krieg der Sterne"** auf die Leinwand und plötzlich wollte die ganze Welt junge Helden sehen, die sich gegen böser Magier-Könige stellten!

Trickfilm-Pionier Ralph Bakshi sah diesen Trend als perfekte Gelegenheit, um endlich mit einem seiner besten Freunde zusammen arbeiten zu können: Frank Frazetta.

Frazetta war eine Legende. Seine rohen Fantasy-Kunstwerke waren auf Covern sämtlicher Bücher zu sehen, er war es, der Conan den Look verlieh, den man heute mit ihm verbindet. Ihm haben wir einen unvorstellbaren Anteil der **„Sword&Sorcery"**-Kultur insgesamt zu verdanken.

Es war also beschlossene Sache: Bakshi und Frazetta würden einen Fantasy-Film machen. Gedreht wurde das ganze, wie schon Bakshis **DER HERR DER RINGE**-Adaption vorher, in dem man erst echte Darsteller filmte, um dann die Aufnahmen nachzuzeichnen. Dies sorgte für realistische Bewegungen und einen völlig eigenen, unverkennbaren Stil.

Bei all dem Aufwand wurde aber wohl etwas vergessen: Das Drehbuch.
Die Geschichte ist nämlich so stupide wie eine unter Zeitdruck zusammengeschusterte **„Dungeons&Dragons"**-Kampagne: Böser Eis-Zauberer greift Königreich an. Entführt Königs-Tochter um Kapitulation zu erzwingen. Junger unbekannter Krieger zieht aus um sein zerstörtes Dorf zu retten. Krieger rettet Prinzessin und verliebt sich in sie. Alle tragen Tangas. Ende.

Natürlich muss man fair bleiben. All dies macht natürlich den trashigen Charme des Genres aus und wer mehr erwartet ist definitiv falsch am Platz. Dies ist kein **CONAN - DER BARBAR** der es noch schafft, trotz aller Genre-Konventionen eine mitreißende Geschichte zu erzählen. **FEUER & EIS** spielt eher in der Liga eines **DEATHSTALKER**. Dafür aber ganz oben in dieser Liga, denn **FEUER & EIS** punktet mit seinem einzigartigen Style.
Das wirkliche Manko ist hauptsächlich die Redundanz der...nennen wir es „Handlung". Der Film ist nur 81 Minuten lang, doch fühlt es sich schnell wie 2 Stunden an, wenn man zum hundertsten Mal zusieht, wie Prinzessin Teegra den bösen „Subhumans" entkommt, eine Actionszene auslöst und dann wieder gefangen wird. Dieser Ablauf wiederholt sich immer und immer wieder und so wirkt der Film lediglich wie einen Aneinanderreihung von Schauplätzen die dazu dient, möglichst viele Figuren und Monster zu bieten. Aber es bleibt dabei eben wie gesagt nur bei einer Aneinanderreihung. Figuren tauchen für eine Szene auf und sind dann vergessen. Man könnte viele der kleinen Actionszenen untereinander austauschen ohne einen Unterschied zu merken. So wirkt der Film doppelt so lang als er ist und wenn dann jede dieser Szenen kaum Dialoge enthält, wird es noch schwieriger. Man schaut einfach nur immer wieder auf rennende Trickfiguren. Wenn es dann mal zum Kampf kommt, ist die Animation sehr eindrucksvoll und auch kurzweilig, aber dann wird erst einmal wieder gerannt.

Das ist sehr schade, denn die Welt, die die beiden Ikonen schaffen ist wirklich wunderschön anzusehen. Es ist auch erfrischend, dass nicht alles erklärt wird. Da zeigt sich auch der Vorteil der wenigen Dialoge: Der Zuschauer wird zum Mitdenken angeregt. Zwar nicht auf Handlungsebene, aber beim Erschließen der Welt. Vieles wird nur angedeutet und man beginnt, sich darüber Gedanken zu machen, was denn nun hinter der-und-der Ruine oder dem-und-dem Ungeheuer stecken könnte.

Wenn das Gedenke und Gerenne dann doch mal zu anstrengend wird, läuft auch gleich die Heldin wieder durchs Bild und man(n) darf bewundern, wie viel Mühe sich die Zeichner doch bei ihrem Hintern gegeben haben.

+++ZEICHENTRICK+++

Scherz bei Seite: Den Zeichenteams muss wirklich gratuliert werden. Auch ohne Dialoge weiß man, dank der detaillierten Mimik der Figuren, immer, was gerade vor sich geht. Ähnlich wie der neuste „Mad Max"-Vertreter kann „Feuer&Eis" schon fast als Stummfilm genossen werden, in dem nur Bilder, Soundeffekte und Musik die Geschichte erzählen.

Apropos Musik. Die kann ich natürlich nicht unkommentiert lassen, denn Komponist William Kraft fährt wirklich sämtliche Geschütze auf. Der Komponist schrieb überwiegend reine klassische Konzertmusik, doch hier lies er sich dazu hinreißen, einen Filmscore zu schaffen und dieser hat es wirklich in sich. Zur Inspiration wurde der Film im Schnitt mit Stravinskys „Frühlingsweihe" unterlegt und eine ähnlich avantgardistische Route schlug Kraft dann ein. Auch lassen sich gewissen klangliche Ähnlichkeiten zu Leonard Rosenmans **„The Lord Of The Rings"** nicht verleugnen, aber das erscheint nur logisch, war dies doch Bakshis erster Fantasy-Soundtrack.

Jedenfalls versieht Kraft **FEUER & EIS** mit einer Hand voll Themen und Motiven. Der finstre König Nekron und seine Subhumans kommen bezwei passende Blechrhyth- men wohin- gegen die schöne Prinzessin Teegra eine sanfte Klavier/Flöten-Melodie zu Eigen wird. Es würde mich übrigens nicht wundern, wenn dieses Thema als Vorlage für Alan Menkens Song **„Tale As Old As Time"** aus dem Disney-Klassiker **DIE SCHÖNE UND DAS BIEST** diente...kann aber auch nur Zufall sein.

Der Star des Soundtracks ist natürlich das brachiale Hauptthema, das ursprünglich exklusiv für die Figur des ultra-coolen Badass Darkwolf gedacht war. Die Produzenten wollten aber auf der **„Star Wars"**-Welle mitschwimmen und verlangten so, dass das heroische Thema doch öfter Einzug in den Film fand und vor allem nicht erst im letzten Drittel (Darkwolf tritt erst dann auf den Plan). Man befürchtete, dass es den Zuschauern sonst doch etwas zu dissonant würde, auch wenn man sonst begeistert war.

Ich kann nur sagen, dass ich das für einen klugen Schachzug hielt. Das Hauptthema eröffnet den Film wunderbar und wirft den Zuschauer/Zuhörer gleich in die Warhammer mäßige Schwertschwinger-Welt. Wann immer das Orchester eine Variation des Themas zum Besten gibt, will man selbst einfach nur mit unrealistisch großen Waffen rumrennen und böse Monster und Goblins zu Klump hauen.

Wer also Lust auf nicht sonderlich anspruchsvolle Fantasy hat, die, bis auf ein paar Längen hier und da sehr kurzweilig die niederen Instinkte anspricht, dem sei **FEUER & EIS** wärmstens empfohlen! Ich persönlich schau ihn sehr gerne! Krafts Score ist leider nur in einer 2000er-Limitierung erschienen und somit nicht allzu günstig und auch nichts für „Casual" Soundtrack-Fans, aber dennoch jeden Cent wert! Somit Jungs: Pelz-Tanga raus, Met ins Trinkhorn und viel Spaß!

Vergessen war gestern, wir sprechen darüber!

# Thor - Der unbesiegbare Barbar (1983)

von Stefan

Thor ist beim Schamanen Etna aufgewachsen, der seinen Zögling zu einem unbesiegbaren Barbaren erzogen hat. Von Etna erfährt Thor auch, dass seine Eltern vor vielen Jahren vom bösen Gnut getötet wurden und Thor deshalb bei ihm aufgewachsen ist. Nun, als erwachsener Mann, will Thor Rache an dem Mörder seiner Eltern nehmen. Auf der Suche nach Gnut, lernt er in Ina nicht zur seine Frau kennen, sondern schenkt Ihr auch gleich ein Kind. Doch je länger Thor braucht um den Racheakt zu vollenden, umso gefährlicher wird das Unterfangen, denn Thor muss nicht nur das mächtige Schwert seinen Vaters finden, sondern auch seine Frau und das Baby nun aus den Klauen des grausamen Gnut befreien.

In den 80er boomten die Barbaren-Streifen beim Publikum. Die meisten solcher Werke stammen aus dem italienischen Land. Mit oft sehr niedrigen Budget wurde hier versucht unterhaltsame Fantasy-Kost zu inszenieren. Das ist den Italienern auch zumeist sehr gut gelungen. Man denke da nur an THE BEASTMASTER oder DEATHSTALKER. Natürlich sollte man im Vergleich Blockbuster ala Hollywood wie CONAN - DER BARBAR völlig außer Acht lassen. Denn THOR - DER UNBESIEGBARE BARBAR bekommt eine Sonderstellung von mir. Was uns hier Regisseur Tonini Rici abliefert ist nun wirklich zweifelhaft.

Angefangen bei den Kulissen sofern man davon sprechen kann. Mit ein paar billigen Strohhütten soll einem ein Dorf vorgegaukelt werden. Viele andere Szenen spielen in einem Wald, eine Höhle wird auch mal verwendet und ein paar gut bewachsene Wiesen.

Auch wurde anscheinend bei den Statisten gespart. Eine Handvoll Menschen soll das Volk wiederspiegeln - Realismus sieht anders aus.

THOR - DER UNBESIEGBARE BARBAR ist harte Kost für Trashfans. Wer genau hinschaut wird auch einige Filmfehler entdecken, sei es bei Szenen oder auch Dialogen. Ein gutes Beispiel dafür das hier nicht mit Liebe gedreht wurde.

Schauspielerisch betrachtet agieren alle Darsteller / Statisten wie Holzklötze. Mit stumpfsinnigen Dialogen wird das erste Erscheinungsbild noch immens bestätigt. Nur was für Harte Trashfans - Ator ist lebendiger!

Vergessen war gestern, wir sprechen darüber!

+++STAR-PORTRAIT+++

# Wings Hauser – Der singende Wingback

von Till

Wings Hauser – Geboren am 12.12.1947 in Hollywood, Kalifornien, USA

Gerald Dwight Hauser, so sein Geburtsname, hat deutsche, belgische und französische Wurzeln. Er ist der Sohn von Geraldine Thienes und des Regisseurs und Produzenten Dwight Hauser. Dwight Hauser ist eher bekannt geworden für seine Dokumentationen. Aber auch Spielfilme drehte er, wie z.B. **INSELN IM MEER**. Auch sein Bruder Eric ist im Filmgeschäft. Als Schauspieler sah man in u.a. in **SHOWDOWN**.

Während seiner Highschool-Zeit spielte Wings American Football. Hier bekam er auch seinen Spitznamen **„Wings"**. Dieser basiert auf der Spielerposition die er einnahm: Wingback. Eine Art Verteidiger. Eine Knieverletzung hielt ihn aber davon ab Profi zu werden. Auch war er im Gespräch ein Catcher bei den L.A. Dodgers zu werden. Wings aber entschied sich für die Kunst. Genauer gesagt für Musik und Schauspiel. Früh kam Wings mit dem Medium Film und Fernsehen in Berührung. Bereits mit fünf Jahren spielte er in einem Radiowerbespot mit. Sein offizielles Filmdebüt gab er 1967 in **SHANGHAI-JACK** (auch wenn er nicht in den Credits genannt wird).

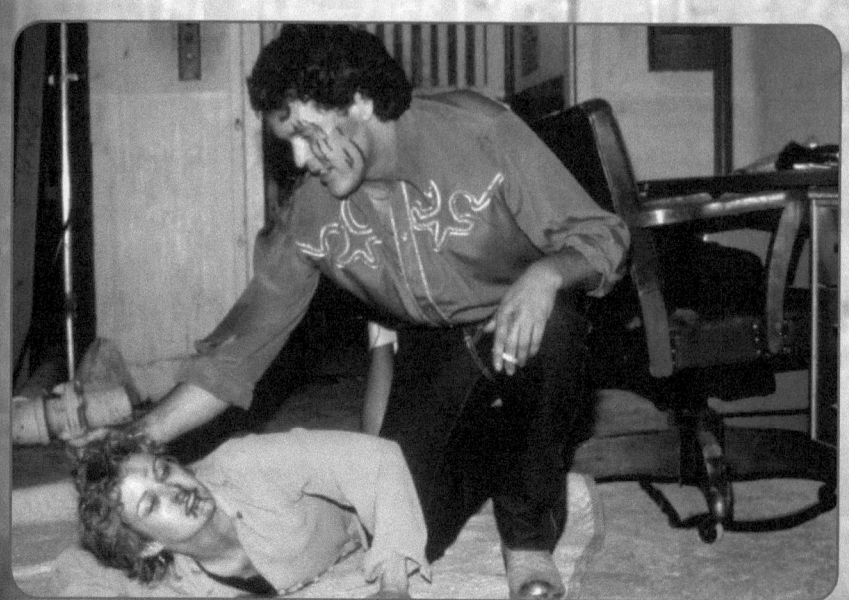

**Der Gute Bekannte aus Film und Fernsehen!**

# +++STAR-PORTRAIT+++

Der EX-Partner vom **EXORZISTEN**-Star Linda Blair startete allerdings zunächst in einem ganz anderen Metier. Zehn Jahre lang machte er Musik, bevor er sich für die Schauspielerei entschied. Zwei Alben veröffentlichter er. So 1975 bei RCA das Album **YOUR LOVE KEEPS ME OFF THE STREETS** unter dem Namen Wings Livinryte. Ab 1976 sah man ihn nun auch häufiger in TV-Serien. Ob in **BARETTA, NOTRUF CALIFORNIA, MAGNUM, THE A-TEAM, MORD IST IHR HOBBY, BEVERLY HILLS 90210, ROSEANNE, EIN COLT FÜR ALLE FÄLLE** oder **AIRWOLF**. In irgendeiner Serie wurde er immer gesehen. 41 Serien beglückte er bis heute mit seinem Antlitz.

Auch im Film sah man ihn in ganz unterschiedlichen Rollen. Sei es in **MUTANT II, DRECKIGE HUNDE, NACHTRATTEN, BEASTMASTER 2, L.A. BOUNTY** oder **THE SIEGE OF FIREBASE GLORIA**. Man verglich ihn immer mal wieder mit dem Schauspieler Richard Widmark für seine bösen Rollen. Er schreibt aber auch Drehbücher und führte bislang bei fünf Filmen Regie. So verfasste er beispielsweise das Drehbuch für den Film **DIE VERWEGENEN SIEBEN** mit Gene Hackman.

Hauser ist zum vierten Mal verheiratet. Mit seiner ersten Frau Margaret Jane Boltinhouse hat er eine Tochter. Aus seiner zweiten Ehe mit Cass Warner (Produzentin und Tochter des zweifach oscarnominierten Milton Sperling) ging der Schauspieler Cole Hauser (**GOOD WILL HUNTING, PITCH BLACK**) hervor. Nach seiner 20-jährigen Ehe mit seiner dritten Frau, der Schauspielerin Nancy Locke (**PRETTY WOMAN, TOT UND BEGRABEN**), heiratete er 2002 Cali Lili Hauser, eine junge Filmemacherin und Musikerin.

Wings Hauser ist stets ein interessantes Gesicht aus der zweiten Reihe gewesen. Seine Aura und sein verstärktes Auftreten in TV-Serien gaben ihm den Anschein eines „guten Bekannten". Hauser ist immer noch aktiv und ich will mal hoffen, der ein oder andere Film zeigt ihn nochmal.

Vergessen war gestern, wir sprechen darüber!

# NIGHT HUNTER

von Christopher

Zu „Cannon-Films" muss man nicht viele Worte verlieren. Die Produktionsfirma von Menahem Golan und Yoram Globus ist eine wahre Schatzkiste für Fans von Action-Flicks und faszinierendem Trash. „Cannon" war stilpregend für den minder-budgetierten Genre-Film der 80er Jahre. In dieser Kritik widme ich mich einer meiner Lieblingsproduktionen aus der israelisch-amerikanischen Filmfabrik: Dem 86er Actioner **NIGHT HUNTER** aka **AVENGING FORCE** mit Aushilfs-Ninja und Videotheken-Star Michael Dudikoff in der Hauptrolle, welcher in meinen Augen sein bester Film ist. Bitte haut mich nicht ihr **AMERICAN FIGHTER** Verehrer!

Wer erinnert sich noch an Michael Dudikoff? Das war doch der...RICHTIG! Der **AMERICAN NINJA** himself. Die große Hoffnung des B-Action Sektors aus der „Cannon-Schmiede". Ich muss zugeben, ich sehe den Mann sehr gerne und bin der Meinung, dass er durchaus das Potenzial zum Action-Star hatte. Nur leider ist er relativ schnell im Videothekensumpf untergegangen, dabei hatte der Gute durchaus die Ambitionen, sich in eine Reihe mit solchen Haudrauf-Heroen, wie Jean-Claude Van Damme oder Dolph Lundgren einzureihen. Nur leider hat er den Anschluss verpasst, was denke ich den Produzenten zuzuschreiben ist, da bin ich mir sicher. Zu der Zeit als Dudi gerade auf der Bildfläche erschien und mit **AMERICAN NINJA 1-2** respektable Erfolge verbuchen konnte, fokussierten sich Golan und Globus eher auf größere Produktionen um das „Cannon-Uhrwerk" weiter am Laufen zu halten. Man wollte am Kinomarkt bestehen und Geld verdienen. Somit investierte man das Geld lieber in Sylvester Stallone (**COBRA, OVER THE TOP**), Chuck Norris (**DELTA FORCE**) oder in **SUPERMAN IV** oder auch in **MASTERS OF THE UNIVERSE**. Man achtete nicht darauf Michael Dudikoff zu etablieren und somit lief er mit Filmen, wie **RIVER OF DEATH, PLATOON LEADER** oder eben **AVENGING FORCE** eher unter dem Radar der Masse, bevor er dann noch mit **AMERICAN NINJA 4, MARINE FIGHTER** oder **CHAIN OF COMMAND** in die Resteverwertung von Cannon abstieg. Danach drehte er nur noch Action direkt für die Videotheken und für das Fernsehen. Schade, Schade, Schade. Aber was soll man machen? Richtig, sich an den Kloppern freuen, die er Mitte der 80er noch veredeln durfte, zum Beispiel **AVENGING FORCE**, der beste Titel aus seiner Filmographie und einer der besten Cannon-Filme, zumindest aus meiner Sicht.

Der Film an sich ist sehr kurzweilig, da er eine durchaus spannende Handlung bietet. Die Prämisse um eine rechtsextreme Bruderschaft, die mit Gewalt ihren fanatischen Patriotismus durchsetzt, macht durchaus was her und ist eine nette Alternative zu den sonstigen Klischee-Feindbildern in 80er-Jahre Action-Filmen. Fast schon bewundernswert, wenn man andere Filme aus den Reihen von Golan/Globus kennt, dass hier der überschwängliche Patriotismus auf Seiten der Bösen zu finden ist. Ich will den beiden nicht unterstellen kritische Absichten gehabt zu haben aber ich war überrascht. Gut ich denke mal, dass es ihnen sowieso egal war, Hauptsache es kommt ein unterhaltsamer Film dabei raus. Jedenfalls macht die Story durchaus was her. Auch die Figuren könnten punkten. Dudikoff und James harmonieren einfach zusammen, bei ihnen stimmt die Chemie, wie schon bei „American Ninja". Auch wenn einige Dialoge etwas dümmlich sind, macht das ganze durchaus Spaß und zieht einen gut in den Film hinein. Auch John P. Ryan (**DELTA FORCE 2, DEATH WISH 4, BOUND**) als Bösewicht und „Pentangle" Chef legt eine herrlich diabolische Performance hin. Die weiteren „Pentangle-Brüder" erfüllen ihren Zweck, bis auf Bill Wallace, der in seinem Hunting-Dress eher wie der Zeremonienmeister einer schwulen Leder-Bar aussieht. Zudem bietet die Handlung einen netten Twist, was, ohne zu spoilern, relativ überraschend daher kommt.

Die Action kann sich ebenfalls sehen lassen. Klar, 1986 gab es ein anderes Schnitttempo und manches wirkt etwas behäbig und altbacken aber Nostalgiker werden daran ihren Spaß haben. Verfolgungsjagden, Shoot-Outs und etwas Martial-Arts, alles mit einer angemessenen Härte, zaubern dem geneigten Fan, zum Beispiel mir, ein Lächeln ins Gesicht.

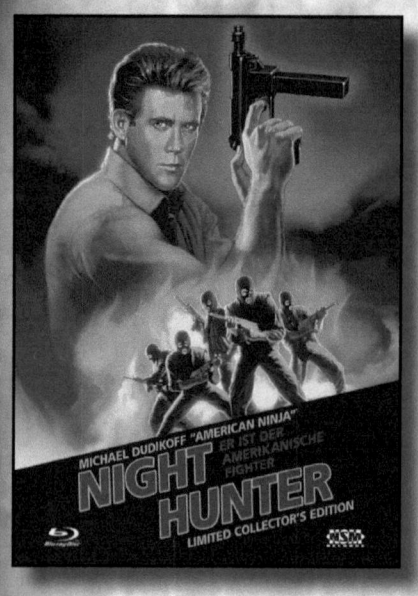

Die Inszenierung ist stimmig, es geht relativ rough und dreckig zur Sache. Der ganze Film hat einfach diesen verwaschenen, rauen B-Movie Look. Klar, viel Budget hatten die Jungs nicht, aber es passt wunderbar zur Stimmung des Films und gepaart mit der cheesy Synthie-Mukke stellt sich einfach wunderbares 80er Feeling ein. Auf dem Regiestuhl nahm ja auch nicht irgendein Wald- und Wiesenregisseur Platz. Niemand geringeres als Sam Firstenberg inszenierte dieses B-Film Oeuvre in gewohnter Exploitation-Manier. Immerhin war der Mann auch für solche Cannon-Knüller wie zum Beispiel **DIE RÜCKKEHR DER NINJA, DIE HERRSCHAFT DER NINJA** oder auch **BREAKIN 2 – ELECTRIC BOOGALOO** verantwortlich. Ebenfalls Dudikoffs andere Heldentaten, **AMERICAN NINJA** und **AMERICAN NINJA 2** gingen auf Firstenbergs Konto. Er weiß was ein solider Action-Film braucht und kann die nötige Stimmung inszenieren und solch ein Werk knackig in Szene setzen. Prunkstück des Films ist für mich sicherlich der Kampf zwischen Matt Hunter und den „Pretangel-Brüdern" in den Sümpfen, wo Hunter nur mit bloßen Fäusten, sich seinen Gegnern erwehren muss. Das ist herrlich dreckig inszeniert und ziemlich spannend. Auch nicht zu verachten ist die Schluss-Szene im Krankenhaus, die einen wunderbaren Abschluss mit Hang zur Düsternis bildet und auch die Möglichkeit für ein Sequel offen ließ, was aber nie kam. Apropos Sequel! Eigentlich war **AVENGING FORCE** als Fortsetzung zum Chuck Norris-Kult-Klopper „Invasion USA" gedacht, welche Chuck aber nicht machen wollte, was erklärt warum die Hauptfigur hier ebenfalls „Matt Hunter" heißt.

Fazit: **AVENGING FORCE** ist für mich einfach B-Action-Kult. Verwaschene Video-Optik, Brutalität, Shoot-Outs, Martial-Arts, Bösewichte in ulkigen Verkleidungen und 80er Synthesizer-Sound. Dazu der einzig wahre **AMERICAN FIGHTER** Michael „Ich wäre so gern ein Star gewesen, aber ich habe meine Seele an Cannon verkauft" Dudikoff in der Hauptrolle. Ein Film, der spannend ist und mächtig Spaß macht und auch zeigt was Dudikoff hätte leisten können, hätte man ihn nur gelassen. So bleibt uns zumindest eine kleine, wenig beachtete Perle der 80er, die definitiv mehr Anerkennung verdient hat und auch zum besten gehört was der Aushilfs-Ninja in seiner Laufbahn gedreht hat.

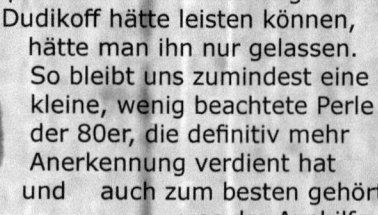

+++INTERVIEW+++

## 8 FRAGEN AN..., ODER: WAS SIE SCHON IMMER ÜBER THILO GOSEJOHANN WISSEN WOLLTEN, ABER NIE ZU FRAGEN WAGTEN.

Der gebürtige Gütersloher Regisseur, Kameramann, Schauspieler und Filmnerd Thilo Gosejohann ist vor allem durch seine Trashgranaten CAPTAIN COSMOTIC, OPERATION DANCE SENSATION und zahlreiche Kurzfilme bekannt, die auf DVD unter dem Titel GESCHICHTEN AUS DER GROTTE veröffentlicht wurden und die zusammen mit seinen Freunden und Kleinstbudget vorrangig in den 90er Jahren entstanden sind.

Zusammen mit seinem Bruder, dem deutschen Comedian Simon Gosejohann, war er u.a. später für erfolgreiche Fernsehformate wie COMEDY STREET, ELTON VS. SIMON oder auch für die ZDF HEUTE-SHOW tätig.

von Holger

Hi Thilo, erst einmal vielen Dank dafür, dass du dir die Zeit nimmst, um uns einige Fragen zu beantworten. Nach deinem eigenen Bekunden hast du bereits in jungen Jahren deine Kohle für Kinobesuche und Merchandisingartikel rausgehauen. Kannst du dich an die Initialzündung erinnern, die dich zum "Nerd" gemacht hat?

Die Initialzündungen waren vermutlich vor allem die Aushangbilder und Poster der Kinos, die ja in den 70ern noch in der ganzen Stadt aufgehängt waren. Immer wieder stand ich staunend vor den Glaskästen und bewunderte die vielfältige und bunte Welt der Filme - eine Welt, an der ich als kleines Kind noch recht selten teilhaben konnte, weil die Streifen oft erst ab 12 freigegeben waren... von den ganzen Schockern ab 16 und 18 ganz zu schweigen. Ausserdem faszinierten mich die reißerischen "Kirmes-Sprüche" Marke "In ganz Europa verboten, bei uns trotzdem frei - Warum?" (*EXZESSE IM FOLTERKELLER*) oder "Der Verleih empfiehlt eine Freigabe ab 21 Jahren" (*SADO-STOSS DAS TOR ZUR HÖLLE AUF*). Noch heute nehme ich auf Börsen DVDs mit, die auf ihrem Cover original deutsche Aushangware verwenden und hole nach, was ich damals verpassen musste.

---

Welche Erinnerungen hast du an deinen ersten Kinobesuch?

Mit vier Jahren nahm mich meine Oma mit in die Heinz Erhardt-Komödie **UNSER WILLI IST DER BESTE**. Es gab eine turbulente Szene, in der Heinz Erhardt mit einem Auto durch das Dorf heizte und die Kontrolle darüber verlor. Slapstick in Reinkultur, er fuhr durch Wäscheleinen und Misthaufen. Für mich war das aber ein Alptraum, ich hatte Angst, er würde einen Unfall bauen und fing panisch an zu heulen. Meine Oma verließ eilig mit mir das Kino und bekam ein höllisch schlechtes Gewissen. Mein zweiter Kinobesuch war dann **DIE BIENE MAJA** - was harmloses halt, hahaha.

---

Du hast viele Erinnerungsstücke in deinem Fundus... also Zeitungsartikel, Filmrequisiten, usw. Welches ist dein Liebstes und warum?

Ein hierzulande seltenes Poster von **SUPERMAN II**. Es hing damals bei uns längere Zeit im Gütersloher Kino STADTTHEATER, in dem mein Onkel jahrzehntelang Filmvorführer war. Ich bettelte solange, bis er mir das Ding besorgte. Einen Pappaufsteller von **SUPERMAN-DER FILM** hab ich auch hoch. Eine ca. 80 cm große Affenfigur zu **KING KONG** (1976) fiel leider einem Brand zum Opfer, sieht man aber noch kurz in meinem ersten Trash-Werk **KRAVEN** (1990).

---

Angenommen John Carpenter produziert mit einem großzügigen Betrag deinen neuen Film und du hast völlig freie Hand. Wer landet auf der Besetzungsliste und wie dürften wir uns den Plot vorstellen?

Ich hatte vor über 10 Jahren immer den Wunsch, Dieter Hallervorden so Tarantinomässig für die große Leinwand wieder zu entdecken. Er hätte bei mir einen tragikomischen, wegrationalisierten Arbeiter gespielt, der mit seinem gigantischen Braunkohlebagger Amok läuft. Einmal kam es sogar zufällig zu der Begegnung mit einem sehr namhaften Produzenten, der sagte: „Na los Gosejohanns, habt ihr eine gute Idee für einen richtigen Kinofilm?" Aber von diesem Konzept war er nicht wirklich angetan. Er meinte, viel zu teuer.

Vergessen war gestern, wir sprechen darüber!

Filme wie die Bourne-Reihe haben die nicht unumstrittene **SHAKY-CAM**-TECHNIK und Stakkato-Schnitte für sich entdeckt, bei denen man das Gefühl hat, im Schneideraum hätten sich alle 10 Liter Kaffee und Aufputschmittel reingezogen. Wie stehst du persönlich aus Kameramann-Sicht zu dieser Art "künstlerischem Kniff"?

Mich nervt es total, wenn ich im Kino sitze und die Kamera die ganze Zeit so wackelt, weil der Regisseur meint, das wäre modern - zumindest bei einem inszenierten Spielfilm. Ich mag die motivierte Kombination aus beidem. Richtig eingesetzt kann Handkamera eine ungeheure Wucht erzeugen. In Dokumentarfilmen gehört es nur sekundär zum Stil - da muss man flexibel sein und auf spontane Dinge reagieren. Insofern ist eine wackelige Kamera dort ganz klar den Bedingungen der Dreharbeiten geschuldet.

Deine selbst erdachten Superhelden **CAPTAIN COSMOTIC** und **MAGIC** schließen sich zusammen und verbünden sich gegen das Böse. Gegen wen müssten sie deiner Meinung nach zuerst antreten?

Hahaha, ganz klar gegen den IS und Trump. Und gegen jegliches anderes grölendes, rechtes Gesocks.

Kommen wir nun unweigerlich zu DER Frage, die natürlich deinen Fans unter den Nägeln brennt: sind nach dem 2012 entstandenem **BRENNPUNKT NEVERHORST 3** in naher Zukunft neue Filmprojekte aus deiner Feder geplant?

Leider gar nichts. Komme im Moment überhaupt nicht dazu, irgendwelche Freizeitprojekte zu entwickeln. Zumal wird in unserer digitalisierten Welt zunehmend der Sinn und Zweck eines solch zeitraubenden Unternehmens fraglich. Wird eh alles geklaut und ins Netz gestellt. Außerdem gibt es schon Millionen die ähnliches drehen und das technisch auf Kino-Niveau.
Aber ich würde gerne zum 20jährigen Jubiläum im Jahre 2018 den **CAPTAIN COSMOTIC** noch mal "restaurieren", sprich, die alten HI8-Bänder digitalisieren und den Film in der ultimativen Qualität verewigt wissen. Das Original von 1998 stellte bereits die 3. Kopiergeneration dar und das Analog. Ist nur sehr langwierig, die Aktion. Na, mal sehen…

Von all den Charakteren deiner filmischen Ergüsse haben mir DER GELBE BARON und DER ROTE KOJOTE aus dem Kurzfilm ERDE 2 IN GEFAHR persönlich am besten gefallen. Der rote Kojote hat u.a. die UNFASSBARE Kraft, seine Gegner mit öffentlicher Masturbation abzulenken, wobei "Der gelbe Baron" dies nicht unsexy zu finden scheint. Stehen sich die beiden Erzfeinde letzten Endes doch näher, als sie zuzugeben vermochten?

Wie schon bei BATMAN & ROBIN und den Kontrahenten Matrix & Bennett in PHANTOM KOMMANDO kann man auch hier einen homoerotischen Subtext nicht bestreiten. Unter der Oberfläche verbirgt sich ganz klar eine Ode an die Liebe & die Freiheit jedweder Gelüste weit über alle Grenzen hinaus.

Thilo, wir danken dir für das Interview.

**Vergessen war gestern, wir sprechen darüber!**

# Joshua Tree (1993)

*von Christopher*

Wir befinden uns in der wüstlichen Einöde um Joshua Tree. Der ehemalige Rennfahrer Barett (Dolph Lundgren) verdient sich mit dem Transport von Luxuswagen seine Brötchen. Nach einer Polizeikontrolle, in der ein Officer und Baretts Partner den Tod finden, wird er infatiert. Bei einer Überstellung in ein anderes Gefängnis gelingt Barett die Flucht. Mit einer, aus der Not heraus mitgenommenen, Geisel (Kristian Alfonso) versucht er seinen Häschern zu entkommen. Unter ihnen befinden sich Lieutenant Severance (George Segal) und sein Partner Rudicell (Beau Starr), die andere Ziele verfolgen, nähmlich Barett zu erledigen. Eine explosive Hetzjagd beginnt!

Der schwedische Hüne Dolph Lundgren zählt sicher nicht zu den profiliertesten Schauspielern, jedoch hat der B-Star in den späten 80ern und frühen 90ern einige unterhaltsame Action-Filme abgeliefert. Der 1993 erschienene **JOSHUA TREE** bildet da keine Ausnahme. Unter der Regie des Stuntkoordinators Vic Armstrong, bläst Dolph zum Angriff und setzt sich gegen skrupellose und korrupte Polizisten zu Wehr. Der Film wird oft als das Beste Werk des schwedischen Hau drauf-Rabauken bezeichnet. Zwar ist „Joshua Tree" kein Meisterwerk, jedoch ein extrem unterhaltsamer Action-Kracher, mit einigen unterhaltsamen Szenen, in denen sich Lundgren in Bestform zeigt.

## Stahl aus Schweden

**JOSHUA TREE** ist nicht nur Titel des Films, sondern auch der Name eines **U2** Albums. Natürlich soll das nichts bedeuten, jedoch bezieht sich beides auf den Nationalpark gleichen Namens in der Wüstenlandschaft im Südosten Kaliforniens, dem Handlungsort dieses schwülstigen Reißers. Aufgrund dieser Übereinstimmung mit dem **U2** Album, bekam der Film einst den Alternativtitel „Army of One". In Deutschland wählte man schließlich den Titel **BARETT – DAS GESETZ DER RACHE**. Welche Bezeichnung man am liebsten wählt ist jedem selbst überlassen, wir nehmen einfach mal **JOSHUA TREE**. Dieser Film stammt aus der Blütezeit Dolph Lundgrens, der bis dahin mit Action-Krachern, wie **UNIVERSAL SOLDIER, SHOWDOWN IN LITTLE TOKYO** oder **DARK ANGEL** einige Erfolge feiern konnte.

Auch **JOSHUA TREE** reiht sich in diese Riege, unterhaltsamer und relativ erfolgreicher B-Filme ein. Wie auch im Rest seines Oeuvres bietet der Streifen keinen sonderlich ausgeklügelten Plot. Auch hier gilt wieder die Devise „lockere Story, unterhaltsam in Szene gesetzt". Man versteift sich darauf Lundgrens Muskeln zu inszenieren und sein fehlendes Schauspiel-Talent mit männlichen Posen und wilden Shootouts zu kaschieren. Das klappt über weite Strecken ganz gut. Einzig in wenigen ruhigen Szenen stellt sich die Langeweile ein, denn Dialoge sind nicht wirklich sein Ding. Aber diese Sequenzen sind zum Glück in der Minderheit, denn meistens muss er schießen, rennen, zuhauen oder auch zu treten, das kann er zum Glück.

Der Film an sich, ist sauber inszeniert und handwerklich gut gemacht. Die Kamera ist da, wo sie hingehört, die Effekte sind gut umgesetzt und mit 93 Minuten gleitet das Geschehen nicht in Langeweile ab. Ich habe mich gut unterhalten gefühlt. Auch die Action kann sich durchaus sehen lassen. Von kleinen Kampfszenen über rasante Verfolgungsjagden, zum Ende gibt es noch ein Straßenduell mit Luxuskarossen, bis hin zu harten Shootouts. Prunkstück ist selbstverständlich die Schießerei im Lagerhaus, in der Dolph in bester John Woo-Manier reihenweise Schergen über den Haufen ballert und dabei ein paar schöne Stunts abliefert. Hier darf auch das Kunstblut ordentlich spritzen, was diese fantastische Sequenz umso unterhaltsamer macht.

### ACTION PUR

Regisseur Vic Armstrong ist in diesem Genre auch kein Unbekannter. Er war Suntkoordinator oder Regisseur des zweiten Teams bei zahlreichen Blockbustern, wie **TOTAL RECALL, TERMINATOR 2, SUPERMAN** und mehreren **JAMES BOND**-Filmen. Armstrong hat merklich Erfahrung, was dem Film zu Gute kommt. Die Action-Sequenzen sehen fesch aus und besitzen eine gute Dynamik. Doch diese Dynamik kommt erst in der zweiten Hälfte des Films. Die erste besteht größtenteils aus Fluchtszenen, die weniger aufregend sind, welche noch mit Dialogen von Lundgren und seiner Partnerin Kristian Alfonso untermauert werden. Wahrscheinlich sollen diese Dialoge die Charaktere aufbauen, jedoch wird das schnell langweilig, was an den Schauspielern liegen mag. Erst später kann Dolph zeigen was er drauf hat und glänzt als Kampfmaschine.

Auch hier werden die Klischees bedient, wenn zum Beispiel Lundgren, trotz Schussverletzung, keine großen Schmerzen zu haben scheint und auch später bei einer großen Verfolgungsjagd, in einem Moment der Ruhe, noch mit seiner Geisel einvernehmlichen Sex haben will, denn die ist nämlich eine ziemlich geile Schnitte, die nach anfänglichem Abscheu irgendwann nur noch rollig auf den stählernen Dolph ist, nachdem sie natürlich festgestellt hat das er unschuldig ist. Das ist dann alles etwas lustig anzusehen, aber sind nun mal die Machoelemente, die so einen Action-Streifen ausmachen und dort einfach dazugehören. Gute Wahl ist sicherlich der Schauplatz, denn das Wüsten-Setting und das Finale im richtigen **JOSHUA TREE** machen ordentlich was her. Der ganze Film hat so eine kleine Western-Atmosphäre, was schön anzuse-

hen ist. Schön anzusehen sind auch die Schauspieler.

Vor allem Kristian Alfonso, die zwar nicht gut spielt, aber wie schon erwähnt recht gut aussieht und auch mal Brüste zeigen darf. George Segal hat als korrupter Cop mit Zigarren-Fetisch ebenso viel charmante und spielfreudige Szenen, wie sein Partner Beau Starr, der als Gehilfe auch ein paar nette Sprüche vom Stapel lassen darf. Was immer schade ist, ist wenn die Antagonisten oder übrigen Darsteller mehr Profil haben, wie der Hauptdarsteller. Denn Dolph Lundgren ist mimisch arg begrenzt, was vieles etwas schwierig machte, aber in diesem Fall zu verschmerzen ist, da das Drumherum sehr stimmig ist. Auch der Soundtrack untermalt den Film gekonnt, war doch hier Joel Goldsmith, Sohn von Jerry Goldsmith, am Werk, der zwar die Klasse seines berühmten Vaters nicht erreicht, jedoch für stimmige Musik sorgt. Jahr 2015 wurde der Action-Streifen schließlich vom Index gestrichen und ist nun von **NAMELESS MEDIA** in einem schicken Mediabook erschienen, welches mir vorlag und auch ein alternatives Ende beinhaltet. Fans sollten da zugreifen, jedoch ist auch eine Amaray-Variante erhältlich.

***JOSHUA TREE*** ist ein unterhaltsamer Action-Film und wirklich einer der besten Lundgren-Vehikel. Gute Szenen, schöne Atmosphäre und ein guter Drive zeichnen diesen B-Film aus. Gut aufspielende Antagonisten tun ihr übriges und kaschieren mit explosiven Action-Pieces das mangelnde Schauspieltalent Dolph Lundgrens. Alles in allem kann man dieses Werk empfehlen. Der Genre-Fan wird gut bedient.

+++STAR-PORTRAIT+++

# MICHAEL DUDIKOFF, DER „JAMES DEAN" DER VIDEOTHEKEN-ACTION

Michael Joseph Dudikoff II, so sein voller Name, wurde am 8.Oktober 1954 in Redondo Beach, Kalifornien geboren. Sein Vater stammte aus einer russischen Familie, seine Mutter war Franco-Kanadierin. Dudikoff ist das vierte von insgesamt fünf Kindern. Er hatte nie die Ambitionen Schauspieler zu werden, stattdessen studierte er, nach seinem Abschluss an der West High School in Torrance, Kinderpsychologie am Harbor College. Während seiner Studienzeit jobbte er als Kellner um seine akademische Ausbildung zu finanzieren. Im Restaurant Beachbum Bert's in Redondo Beach, in dem er arbeitete, lernte er Max Evans vom Esquire Magazine kennen, den er bediente. Dieser fand Gefallen an Dudikoffs Ausstrahlung und bat ihm einen Job als Model für eine Fashion Show in Newport Beach an. Bestärkt von seiner Mutter, nahm er das Angebot an. Nach diversen erfolgreichen Jobs auf verschiedenen Laufstegen, bekam er seinen eigenen Agenten und stand schließlich bei der Mary Webb Davis Agency unter Vertrag, die ihn zum international gefragten Model aufbaute. In dieser Zeit modelte er unter anderem für GQ und Calvin Klein.

So ließ auch die Schauspielerei nicht lange auf sich warten. Zuerst begann Michael Dudikoff in diversen Werbespots aufzutreten. Nach einem Treffen mit dem Agenten Sid Craig, bekam er seine erste Rolle im Fernsehen, nämlich in der erfolgreichen Sitcom **HAPPY DAYS** mit Ron Howard. Es folgten weitere kleine TV-Auftritte in **GIMME A BREAK** oder **DALLAS** und erste Filmrollen in **BACHELOR PARTY**, **RADIOACTIVE DREAMS** und dem Science-Fiction Klassiker **TRON**. Schließlich wurde die berüchtigte Produktionsfirma „Cannon-Films" auf ihn aufmerksam und deren Chefs Menahem Golan und Yoram Globus nahmen den Schönling unter Vertrag und besetzten ihn in seiner wohl bekanntesten Rolle.

So spielte er 1985 den Private Joe Armstrong in dem B-Action Film **AMERICAN FIGHTER**, in dem er sich bösen Ninjas erwehren muss. Nach Golan und Globus, habe er eine Präsenz, die sie oft mit James Dean verglichen. Der Streifen war ein Erfolg und Dudikoff führte seine Rolle im 1987 erschienenen Sequel **AMERICAN FIGHTER 2 – DER AFUTRAG** fort. Für den dritten Teil wurde er von David Bradley abgelöst, kämpfte jedoch an seiner Seite in **AMERICAN FIGHTER 4 – DIE VERNICHTUNG** von 1990. Aber auch abseits dieser Reihe trat er, überwiegend, in Actionfilmen, der Marke „Cannon" auf. So an der Seite von Mark Hamill in **MIDNIGHT RIDE**, im Vietnam-Actioner **PLATOON LEADER** oder in **NIGHT HUNTER**. Des Weiteren sah man ihn noch neben Robert Vaughn und Donald Pleasence in **RIVER OF DEATH – FLUSS DES GRAUENS**. Jedoch verblasste der Stern Dudikoffs immer mehr. „Cannon-Films" wandte sich größeren Produktionen mit teuren Stars zu, an denen sie sich schließlich verhoben, und verfehlten einen Aufbau Dudikoffs als Film-Held. So wurden die Filme immer kleiner und wurden schließlich teilweise nur noch direkt auf VHS veröffentlicht.

Mit **MARINE FIGHTER** und **CHAIN OF COMMAND** erfüllte er noch bestehende Verträge mit „Cannon", bevor er seine eigene TV-Serie auf den Weg brachte: **COBRA**. Die Action-Serie von „A-Team"-Schöpfer Stephen J. Cannell wurde allerdings nach einer Staffel, mit 23 Episoden, wieder abgesetzt. Danach drehte Dudikoff weiter Filme für das Fernsehen oder den Videomarkt, wie etwa **MOVING TARGET, EXECUTIVE COMMAND** oder die Action-Komödien **BOUNTY HUNTERS** und **BOUNTY HUNTERS 2** an der Seite von Lisa Howard.

Sein letzter Film mit ihm in der Hauptrolle, **STRANDED – OPERATION WELTRAUM**, erschien 2004, bevor er eine 10-jährige Pause einlegte und sich vom Business zurückzog.

Vergessen war gestern, wir sprechen darüber!

Heute ist er überwiegend als Ausstatter für Häuser tätig, verheiratet und hat zwei Kinder. Im Jahr 2015 trat er, nach langer Kameraabstinenz, in dem Action/Horror-Mix **NAVY SEALS VS. ZOMIES** auf und kann sich vorstellen in einer Fortsetzung zu „American Fighter" mitzuwirken. Des Weiteren äußert er öfters den Wunsch im Sylvester Stallones **„Expendables"**-Franchise eine Rolle zu übernehmen. Wir können uns das auch gut vorstellen und hoffen auf den ein oder anderen weiteren Auftritt des Action-Stars, der uns ein paar unterhaltsame Filme bescherte und immer einen gewissen Charme in seinen Rollen besitzt.

von Christopher

# Laura II – Revolte im Frauenzuchthaus (1983)

*von Christopher*

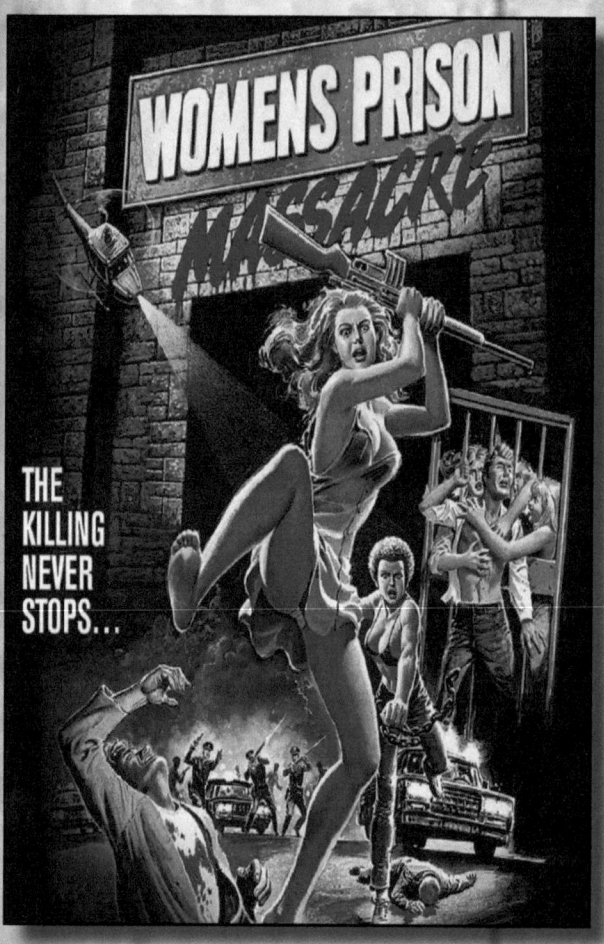

Ein korrupter Staatsanwalt bringt die Reporterin Emanuelle wieder zurück in den Frauenknast. Die sadistischen Wärterinnen und die brutale Gefängnisleiterin machen ihr das Leben unerträglich. Als vier Schwerverbrecher in das Zuchthaus kommen, nehmen sie Emanuelle und ein paar andere Häftlinge als Geiseln. Während die Polizei das Gebäude umstellt, beginnt für Emanuelle und die anderen Frauen eine Qual ohne Ende...

Was passiert, wenn sich Italiens Schmuddel-Schmierfink, und Joe D'Amato-Buddy, Bruno Mattei mit **TROLL 2**-Schöpfer Claudio Fragasso zusammen tut? Richtig, nichts wirklich Gutes. Wenn dann noch **BLACK EMANUELLE** Laura Gemser die Hauptrolle übernimmt, kann man sich sicher sein, in den Untiefen des europäischen Exploitation-Kinos gelandet zu sein. In einem Sumpf aus Sex, Gewalt, Sadismus und Folter gibt Mattei mit **LAURA: REVOLTE IM FRAUENKNAST** eine Ode an den schlechten Geschmack zum Besten, welche aber in diesem Fall weitaus besser gelungen ist, als seine vergleichbaren Schund-Produktionen. Aber der Reihe nach!

Laura Gemser gehörte in den 70ern und frühen 80ern zu den Top-Stars des europäischen Sexploitation-Kinos. Bekannt als **BLACK EMANUELLE**, das italienische Pendant zum französischen Erotik-Klassiker „Emannuelle" mit Sylvia Kristel, veredelte sie diverse Softcore-Streifen, diesen Titels, mit ihren nackten Reizen. Für eine Vielzahl dieser Werke war Joe D'Amato verantwortlich, der nicht selten Nachdrehs nutze um Hardcore-Material anzufertigen, welches er in die Filme hineinschnitt. Unter D'Amato war Gemser in zahlreichen Sujets als **BLACK EMANUELLE** unterwegs. Ob im Menschenhändlermilieu Südafrikas, in zwielichtigen Gesellschaften der Vereinigten Staaten, bei hungrigen Kannibalen oder in der Gewalt von blutdürstigen Zombies. Stets war etwas Zeit um Gemsers Kurven zu präsentieren, welche meistens mit Männern oder Frauen kopulieren durften.

Nachdem man so ziemlich jedes Setting abgegrast hatte, übernahm schließlich Bruno Mattei das Ruder. Der italienische Exploitation-Guru brachte uns so einige Sleaze-Granaten, wie **DIE HÖLLE DER LEBENDEN TOTEN, ROBOMAN, DER KAMPFGIGANT** oder **LIBIDO MANIA – ALLE ABARTEN DIESER WELT**. Und genau dieser Bruno Mattei, der sich auch öfter das Pseudonym Vincent Dawn zulegte, verfrachtete die gute Laura 1982 in ein Setting, was in der ergiebigen Riege des **BLACK EMANUELLE**-Mythos noch nicht erforscht wurde: Der Frauenknast, und das gleich zweimal! Denn sowohl in **LAURA: MISSHANDELT IM FRAUENKNAST** von 1982, auch bekannt als „*Emanuelle in Hell*", als auch in **LAURA: REVOLTE IM FRAUENKNAST** von 1983, auch bekannt

als „*Emanuelle escapes from Hell*", sehen wir die dunkle Schönheit, wie sie diverse Erniedrigungen über sich ergehen lassen muss. Wir kümmern uns nun um den zweiten Film, der recht ähnlich in Bezug auf den ersten ist. Das liegt daran, dass Mattei, der hier als Gilbert Roussel gelistet wurde, die Filme **BACK TO BAC**K drehte. Das bedeutet, er hat während des Drehs mehrere Szenen extra gedreht, um schlussendlich zwei Filme zu schneiden, weswegen beide „Werke" die gleichen Sets und die gleichen Darsteller beinhalten, was für ein Fuchs der Bruno doch war.

Was man wirklich sagen muss, ist das **REVOLTE IM FRAUENKNAST** der deutlich interessantere Film ist. Der Erstling ist ein klassischer „**Women in Prison**" Exploiter, wie man es schon öfters in diesem Sub-Genre gesehen hat.

Der zweite hingegen beginnt auf die gleiche Art und Weise, in dem er das dunkle Leben unserer Hauptdarstellerin dokumentiert, die in dem schmierigen Knast ihr Dasein fristet. Diese versucht, mit seltsamen Theaterstücken, ihren Aufenthalt zu kompensieren, oder so ähnlich. Und weil die gute Frau Gemser nicht pariert, gibt es öfters mal was von den sadistischen Wärterinnen auf die Zwölf. Wirklich spannend wird es, als ein Gefangenentransport mit gefährlichen Kriminellen in diesem Gefängnis einen Zwangsstopp einlegen muss, und diese das Gebäude unter ihre Kontrolle bringen. Mit völligem Sadismus spielen sie ein perverses Spiel mit den Insassinnen und versuchen sich frei zu pressen. Das hätte ich Bruno Mattei nicht zugetraut, denn was als fader und schmieriger Euro-Schlock beginnt, entwickelt sich zu einem recht interessanten Konstrukt.

Denn sobald die Gangster da sind, ist eine Form von Spannung vorhanden. Natürlich verbirgt sich hinter „Revolte im Frauenknast" kein verkanntes Meisterwerk, dennoch war ich angenehm überrascht, denn das hatte ich nicht erwartet. In der zweiten Hälfte bietet der Streifen eine besondere Atmosphäre. Fast schon klaustrophobisch geht es hier zu. Natürlich werden diverse Klischees ausgewalzt, jedoch entsteht eine Art Psycho-

duell zwischen Laura aka Emanuelle und dem Anführer der Gang, der von Gemsers Ehemann Gabriele Tinti gespielt wird.
Vor allem die Szene, in der es zum russischen Roulette kommt hat mich durchaus gepackt und es ist, in Anbetracht der Stimmung und Tonalität, nicht zu ahnen, wie der Film wohl ausgehen könnte. Auf dieser Ebene hat Mattei wirklich etwas Brauchbares geschaffen, was auch in Anbetracht von Claudio Fragasso als Autor durchaus verwunderlich ist.

Auch seine Inszenierung ist vollkommen in Ordnung. Sehr kühl sind die Bilder, die der Film uns präsentiert. Diese trostlose, kalte und herzlose Stimmung transportiert genau das richtige Feeling und trotz des, ich denke mal, Schnürsenkelbudgets, holt Bruno das Maximum heraus. Selbst ein paar nette Gore-Ef-

fekte kann er uns servieren, auch

wenn sie sehr günstig aussehen. Die Darsteller sind allesamt auf C-Niveau, mit Ausnahme von Gabriele Tinti, der als sadistischer Gangster wirklich eine gute Performance abliefert. Laura Gemser selbst ist keine gute Schauspielerin, jedoch funktioniert sie in diesem Streifen und man leidet in einigen Szenen mit ihr. Man kann sich entscheiden wie man will, man muss den Film bestimmt nicht gesehen haben aber für Mattei-Einsteiger ist er durchaus zu empfehlen, denn er funktioniert gut und ist recht kurzweilig geraten.

**LAURA: REVOLTE IM FRAUENKNAST** aka *„Emanuelle escapes from Hell"* aka *„Womens Prison Massacre"* hat mir durchaus gefallen. Was als schmieriger Frauenknaster mit Softcore-Einlagen beginnt, entwickelt sich zu einem ansehnlichen, halbwegs kompetent gefilmten Thriller mit Psycho-Elementen, der durchaus Stimmung und Spannung aufbauen kann. Für Grindhouse affine Filmliebhaber durchaus einen Blick wert.

# TOTAL REALITY (1997)

von Till

Anthony Rand wird die Schuld an einer verpatzten Aktion, die etliche Menschen das Leben kostete, gegeben. Zur Strafe muß er ein Himmelfahrtskommando in die Zeit kommandieren. Mit seinem aus Schwerverbrechern zusammengewürfelten Team reist er in Vergangenheit und Zukunft, um seinen Fehler wieder gut zu machen. Während die Truppe in harten Kämpfen zusammenwächst und dezimiert wird, verliebt sich Rand in eine attraktive Vergangenheits-Zeitgenossin.

### SF-DER ABSTRUSEN ART

schafft es zu keinen Zeitpunkt wirklich Spannung zu erzeugen. Die SFX sind ganz nett und effektvoll, aber der Funke will nicht überspringen. Das B-Film Recken wie Ely Pouget, David Bradley (nein nicht der aus „Harry Potter", es gab noch einen der viel Action drehte) oder Lance Henriksen sich hierher verirrten ist fast verständlich. Gab es doch mit Sicherheit Kohle dafür.

Was dem geneigten SF-Filmliebhaber als eine Mischung aus ZURÜCK IN DIE ZUKUNFT, TERMINATOR, DIE KLAPPERSCHLANGE und Kriegsfilm vorkommt ist es auch. Nur eben in billig und schnell produziert. Die 90er wurden ja häufig zu Zeiten der Videomanie benutzt um schnell produzierte Filme in die Videoregale zu stellen. Und die Leute kauften/mieteten sie. Manchmal gab es einen kleinen Lichtblick, manchmal eben Grütze. Dieser Film wirkt ein wenig unausgegoren und hat eine ziemlich abstruse Geschichte. Regisseur Philip J. Roth (A.P.E.X., ALIEN INTERCEPTORS)

*Vergessen war gestern, wir sprechen darüber!*

# Martin Kove – Der Sensei von Cobra Kai

*von Till*

+++STAR-PORTRAIT+++

Martin Kove – Geboren am 06.03.1947 in

Brooklyn, New York City, USA
Kove ist wohl einer der bekanntesten Gesichter aus den 80er Jahren. Und das hat er wahrscheinlich hauptsächlich drei Rollen zu verdanken. Aber zunächst ein wenig mehr über diesen Schauspieler. Der 1,87 Meter große Kove hat jüdische Vorfahren. Der sprachbegabte Schauspieler kann neben seiner Muttersprache englisch auch spanisch, russisch, italienisch und irisch. Wie so häufig bei Schauspielern ging auch Kove nach der Schule zum Theater. Von da war es nicht mehr weit in Richtung Film und Fernsehen.
1971 hatte er sein Filmdebüt in **KLEINE MORDE**. Es folgte ein Auftritt als Deputy in Wes Cravens **DAS LETZTE HAUS LINKS** (1972). 1975 hatte er seinen ersten größeren Filmauftritt. Neben David Carradine trat er in **FRANKENSTEINS TODESRENNEN** auf. Da traf er das erste Mal jemanden namens Sylvester Stallone, dem er 10 Jahre später in einem anderen Film wiederbegegnen sollte. Im selben Jahr war er neben Jan-Michael Vincent in **STRASSE DER GEWALT** zu sehen. Er spielte dann in zahlreichen TV-Serien mit, wie **DER UNGLAUBLICHE HULK, QUNICY, KOJAK, CHiPs, STARSKY & HUTCH** oder **DIE STRASSEN VON SAN FRANCISCO**.

Insbesondere der Kampfsport hat es ihm angetan. Neben Taekwondo, Schwertkampf oder Okinawa-te trägt er den schwarzen Gürtel in Karate, Tiger Kenpo und Kendo. Aber auch für Baseball, American Football, Tennis, dem Tanz, Fußball oder für das Rodeo reiten interessiert er sich.
1981 bekam er eine der tragenden Rollen in der TV-Serie **CAGNEY & LACEY**. Er spielte die Rolle des Detektive Victor Ispecki 124 Folgen lang bis ins Jahr 1988. Zwischendurch wurde er besonders durch zwei Rollen im Kino bekannt. Als Sensei John Kreese in **KARATE KID 1 – 3** und neben bereits erwähnten Sylvester Stallone 1985 in **RAMBO II**. Nach seinem Ausscheiden bei **CAGNEY & LACEY** spielte er zunehmend im „*Direct-to-Video*"-Segment und in B-Film-Actioners.
Als deutsche Synchronstimme hatte er ganz unterschiedliche Sprecher: Manfred Lehmann in **RAUCHENDE COLTS, KARATE KID 1 & 2** (im dritten Teil hat er die Stimme von Ronald Nitschke), Thomas Danneberg in **DIE STRASSEN VON SAN FRANCISCO**, Christian Tramitz in **HULK**, Thomas Piper in **KUNG FU**, Harald Juhnke in **PETROCELLI** und seine Stammstimme in der TV-Serie **CAGNEY & LACEY** Thomas Petruo.
Er war von 1981 bis 2005 mit Vivienne Kove verheiratet und hat mit ihr zwei Kinder. Zwillinge um genau zu sein.

+++HORROR+++

# Grossangriff der Zombies (1980)

*von Christopher*

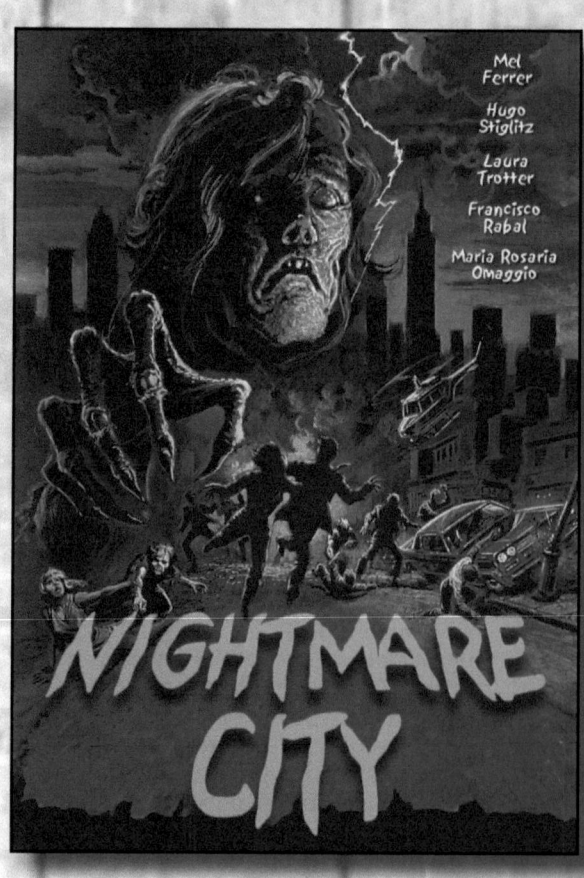

Aus einem staatlichen Atomforschungszentrum ist eine radioaktive Gaswolke entwichen, die alle ihr ausgesetzten Menschen in blutrünstige Zombies verwandelt. Mit großen Transportmaschinen landen sie auf dem Flughafen einer Großstadt und verbreiten Angst und Schrecken unter der Bevölkerung. Mit allen Mitteln versucht das Militär, ihrer Herr zu werden - doch die Aufgabe scheint unlösbar: Die Zombies, deren Zahl sich rasend schnell vergrößert, erweisen sich nicht als geistlose, dumpf dahintrottende Wesen, sondern als ebenso intelligent wie ihre menschlichen Verfolger ...

Die Italiener und ihre Zombies. Eine Kombination, die, vor allem, in den 80er Jahren für ordentlichen Tohuwabohu in den Kinosälen sorgte. In der letzten Ausgabe konntet ihr schon meine Gedanken zu Andrea Bianchis Splatter-Sleaze-Gurke **DIE RÜCKKEHR DER ZOMBIES** lesen. Als Entschädigung gibt es dieses Mal eine echte Granate in unserer bunten Filmempfehlung, denn Umberto Lenzis **GROSSANGRIFF DER ZOMBIES** ist nicht nur, im wahrsten Sinne des Wortes, größer als Bianchis Hinterhof-Gekröse, sondern auch spannender und temporeicher. Chargierend zwischen Horror, Action und auch einem soliden Quäntchen Trash dürfte dieser italienische Exploitation-Kracher die niederen Gelüste eines jeden Fans befriedigen.

Vergessen war gestern, wir sprechen darüber!

**GROSSANGRIFF DER ZOMBIES** Ein Titel, der aussagekräftiger nicht sein könnte und nach dem wahrscheinlich jeder B-Movie-Nerd in der damaligen Stammvideothek gegrabscht hat. Man kann es ihnen auch nicht verübeln, denn anders als andere Filme dieses Genres, hält der Titel schlicht was er auch verspricht.

Ich erspare mir jetzt einfach mal den üblichen Abriss über die Historie der Zombie-Filme, bevor ich wieder gefühlte zehn Mal **DAWN OF THE DEAD** zitieren muss und außerdem wird wahrscheinlich jedem klar sein, dass George A. Romeros, leider in Deutschland immer noch beschlagnahmter, Klassiker stilbildend war und ein ganzer Haufen von findigen Produzenten auf den fahrenden Zug aufsprangen, um ordentlich Geld zu verdienen. Dass unsere südländischen Freunde dies nur allzu gerne taten ist auch kein Geheimnis. Nur war in den 80er Jahren harter Horror mit ordentlich Gore en Vogue.

Die Spaghetti-Western, Gialli und Euro-Crime-Spektakel hatten weitestgehend ausgedient, so dass die Welle des „Effekt-Kinos" gerade zur richtigen Zeit kam, um der „Cinecitta" neue Impulse zu geben. Unangefochtener König dürfte wahrscheinlich Lucio Fulci sein, der 1979 mit seinem meisterhaften Schocker **WOODOO – DIE SCHRECKENSINSEL DER ZOMBIES** eine wahre Glanzleistung auf Zelluloid bannte und den Weg für weitere Epigonen ebnete, auch wenn Fulcis Werk selbst ein solches war. Kommen wir nun zu **GROSSANGRIFF DER ZOMBIES** aus dem Jahr 1980.

Schon kurz nach den Credits, die vom schwurbelnden Synthie-Score von Stelvio Cipriani untermalt werden, geht die Schose auch schon los. Ein Flugzeug landet und deformierte Irre, Zombies?, steigen aus und beginnen damit einen Menschenpulk zu massakrieren. An dieser Stelle müssten wir erörtern, inwiefern man diese „*Kreaturen*" klassifizieren könnte.

Das Set-Up der Geschichte vermittelt uns, dass eine, hochradioaktive, Gaswolke aus einem staatlichen Nuklearzentrum entwichen ist, weshalb wir rein objektiv annehmen müssen, dass es sich um verseuchte Mutanten oder ähnliches handelt. Klassische Zombies, also Untote, die aus ihren Gräbern steigen, finden wir in diesem Film nicht vor.

Selbst der Regisseur spricht von „*Infected People*", also haben wir es hier mit etwas Etikettenschwindel zu tun, denn Zombies verkaufen sich halt einfach besser.

Das erklärt auch die Fähigkeiten dieser Gestalten, die nach Belieben rennen, springen und diverse Waffen verwenden aber natürlich auch ordentlich von ihrem Beißwerkzeug Gebrauch machen. Wenn man also den deutschen Titel, wie auch die englische Variante **CITY OF THE WALKING DEA**D, für bare Münze nimmt, haben wir hier die ersten rennenden Zombies (da guckt ihr blöd, Zack Snyder und Danny Boyle!), die aber angesichts ihres Make-Ups so aussehen, dass ich mich nicht wundern würde, wenn der Film „**Invasion der Kartoffelköpfe**" heißen würde.

Diese ersten Filmminuten geben schon den Ton für die restliche Laufzeit vor, denn **GROSSANGRIFF DER ZOMBIE**S macht richtig Spaß. Anders als in vergleichbaren Werken kackt Signore Umberto Lenzi auf Suspense und eine düstere Athmosphäre und gibt ordentlich Gas. Es folgt Action-Szene auf Action-Szene. Klar, zwischendurch gibt es auch mal ein paar gemütliche Szenen und etwas Geplänkel aber ansonsten haben wir einen äußerst temporeichen Horror-Film vorliegen, der nicht nur gut gemacht ist, sondern auch extrem kurzweilig geraten ist.

Lenzi bemüht sich sehr darum, dem Zuschauer etwas zu bieten, was das Auftauchen diverser verschiedener Locations zur Folge hat. Hier hat man sich wirklich alle Mühe gegeben. Obwohl hier und da ein paar Logiklöcher zu finden sind, ein paar Motivationen etwas unklar bleiben und diverse Dialoge nicht gerade glänzen, kann der Streifen blendend unterhalten.

Natürlich gibt es auch Gore zu bewundern, obwohl Lenzi sich nicht in Blutbädern suhlt. Einige saftige Kills sind dennoch vorhanden. Hervorzuheben ist besonders das Finale in einem Vergnügungspark, welches sehr rasant und gut ausgearbeitet ist und mit ziemlicher Sicherheit als Vorlage für den 2009 erschienenen **ZOMBIELAND** diente. Umberto Lenzi war eben noch nie der visuellste Filmemacher des italienischen Kinos, aber bei ihm war auch immer „**Action vor Logik**" die Devise. Egal ob Kannibalensplatter, Gialli, Söldner-Action, Geister Horror oder eben harte Polizei-Filme, Umberto hat jedes Genre bedient und nur selten echte Gurken produziert. Seine Filme hatten immer einen sehr hohen Unterhaltungswert.

Trotz allem ist **GROSSANGRIFF DER ZOMBIES** mein liebster Film aus der Vita des Regisseurs. Handwerklich sauber

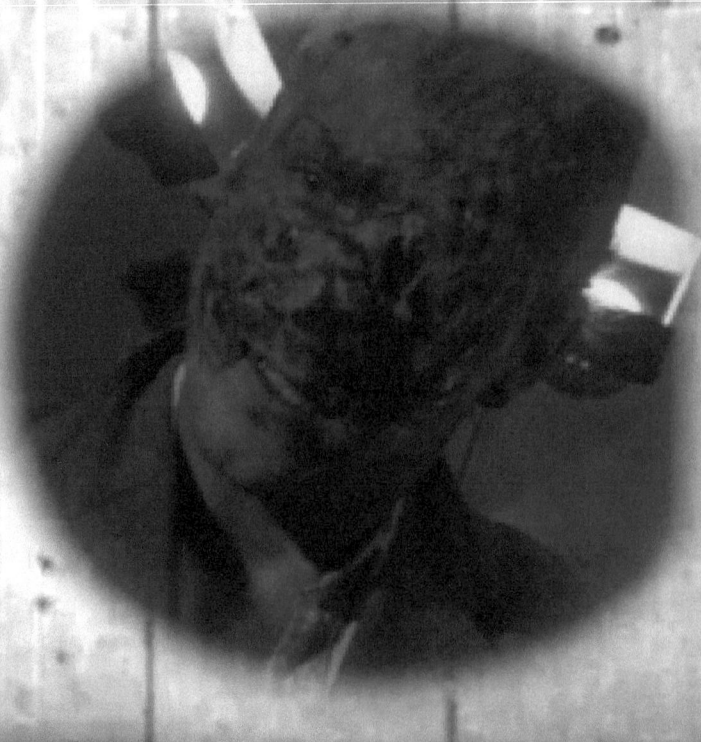

inszeniert, gut gefilmt und mitreißend gestaltet, so lobe ich mir die italienische Exploitation-Kunst. Die gute Arbeit des Regisseurs und dessen Mitarbeiter kaschiert derweil auch etwas die blassen Darsteller vor der Kamera. In der Hauptrolle finden wir den mexikanischen B-Movie Helden Hugo Stiglitz vor, ja der heißt wirklich so, dessen Namen einem spätestens seit Quentin Tarantionos Weltkriegs-Groteske „Inglourious Basterds" geläufig sein dürfte. Jedoch hat Stiglitz, hier mit wilder Frisur und Zauselbart unterwegs, nicht mal den Anflug von Mimik oder irgendeinem Ausdruck. Mit starrem Blick spielerin ist. Ansonsten gibt es ein paar Genre-Gesichter, wie Francisco Rabal oder Eduardo Fajardo, zu bewundern und sogar ein abgewrackter Hollywood-Star hat sich hier her verirrt. Der große Mel Ferrer gibt sich die Ehre, der eigentlich lediglich dafür bekannt war, der Ehemann von Audrey Hepburn gewesen zu sein. Auch wenn es auf der Mimen-Ebene etwas harkt, der Rest ist tadellos und sollte jede B-Movie Sammlung zieren, denn hier hat Umberto Lenzi eine echte Granate abgeliefert, die sich hinter anderen Werken des Genres, nicht zu verstecken braucht und durch ihre Tonalität eine

stapft der Mann, der anscheinend auch auf der Steven Seagal Schauspielschule war, durch den Film und macht somit als Hauptfigur nicht sonderlich viel her. Hier wäre ein etwas charismatischerer Schauspieler sinnvoll gewesen, der wenigstens einen Anflug von Emotionen hätte glaubhaft vermitteln können.

An seiner Seite sehen wir Laura Trotter, sagt mir jetzt überhaupt nichts, die ebenfalls nicht gerade die beste Schauherrliche Erfrischung zu den restlichen schlurfenden Menschenfressern darstellt.

„Großangriff der Zombies" ist ein lobenswerter, gut gemachter, rasanter und Actionlastiger Horror-Film, der nichts anbrennen lässt und verdammt gut unterhält. Schwach in der Besetzung, punktet der Streifen jedoch mit saftigen Kills, einer angenehmen Härte und großangelegten Verfolgungsjagden. Ein wahre Perle für Fans von Italo-Trash.

Vergessen war gestern, wir sprechen darüber!

# Jon Herbert Cypher – The Master of Theater

von Till

Jon Cypher – Geboren am 13.01.1932 in New York City, New York, USA
Jon Herbert Cypher wurde in New York City geboren und wuchs in Brooklyn auf. Nachdem er die Erasmus Hall High School 1949 beendete ging er an das Brooklyn Collage bis 1953. Dann ver-

schlug es ihn auf die University of Vermont. Hier erlangte er seinen Abschluss und wurde Ehe- und Familienberater.

Aber die Schauspielerei faszinierte ihn. Ab Mitte der 1950er Jahre trat er immer wieder in kleineren Theaterproduktionen auf. Auch das Musical wurde begeisternd von ihm angenommen. So hatte er 1958 sein Broadwaydebüt im Musical „**The Disenchanted**". Zwischendrin gab er auch 1957 sein Debüt im US-amerikanischen Fernsehen. Als Prinz in **CINDERELLA** versuchte er seinen Gegenpart Julie Andrews zu imponieren. Das Fernsehen war auch sein zweites zu Hause. So spielte er in den Jahren von 1981 bis 1987 in der Krimiserie **HILL STREET BLUES** den Polizeichef Fletcher Daniels. Und neben Gerald MacRaney spielte er in der Serie **MAJOR DAD** eine der tragenden Rolle. Auch in den Serien **JUNG UND LEIDENSCHAFTLICH, UNTER DER SONNE CALIFORNIENS, DR. MARCUS WELBY, CALIFORNIA CLAN** oder **DER DENVER CLAN** war er häufiger zu sehen. Nicht zu vergessen seine Sprechrolle als Bösewicht **SPELLBINDER** in der animierten Serie **BATMAN OF THE FUTURE**.

Neben dem Fernsehen war er immer wieder im Theater zu sehen. So ersetzte er Patrick O´Neal 1962 in **DIE NACHT DES LEGUANS** am Broadway. 1965 spielte er Dr. Carrasco in **DER MANN VON LA MANCHA** und spielte und sang in den Musicals „**Sherry!**", „**Die große weiße Hoffnung**" oder „**Coco**". Der bekennende Musicalliebhaber ist zudem ein großer Freund der Oper. Als 1958 in der Carnagie Hall in London der schwedische Tenor Jussi Björling auftrat um „**Nessun Dorma**" aus „**Turandot**" zu intonieren geschah dies nicht. Björling sang nicht dieses Stück. Aber auf der Plattenaufnahme, die millionenfach verkauft wurde, hörte man ein lautes „**Nessum Dorma**" aus dem Publikum. Es war Jon Cyphers Stimme, den man auf dieser Aufnahme hört.

1993 verklagte er in Pittsburgh eine Theaterproduktionsfirma auf 20.000 US-Dollar. Während einer Kostümprobe stolperte er über ein herumliegendes Kabel und brach sich sein Bein an zwei Stellen. Er musste die Rolle des „**Fagin**" in „**Oliver**" im Rollstuhl spielen. Später sagte er, dieser Vorfall hat seine weitere Karriere ruiniert. Noch 2013 kann er nicht ohne Hilfsmittel gehen.

Vergessen war gestern, wir sprechen darüber!

+++STAR-PORTRAIT+++

In einen Interview welches er 2014 gab sagte er, dass Armut das Geheimnis seiner fast 50-jährigen Karriere ist.

Im Film sah man ihn das erste Mal 1971 im Western **VALDEZ** neben Burt Lanchester. Es folgten solch Filme wie **BLADE - DER KONTRABULLE** (1973) oder **DIE INSEL DER UNGEHEUER** (1976). Seine bekannteste Rolle hatte er allerdings 1987 im Fantasykracher **MASTERS OF THE UNIVERSE** an der Seite von Dolph Lundgren. Hier spielte er Duncan, den „*Man-at-Arms*".

2004 zog er sich komplett aus der Schauspielerei zurück. Er ist in zweiter Ehe mit der Präsidentin des „*Institute of Cooperation in Outer Space*", Dr. Carol Rosin verheiratet. Insgesamt hatte er 91 Auftritte in Film und Fernsehen.
Cypher war immer der Duncan und wird es auch bleiben.

...sprechen darüber!

*Impressum:*

**Herausgeber:**
**Stefan Böse**

Impressum:
© 2016
Herstellung und Verlag: BoD – Books on Demand, Norderstedt.
ISBN: 9783743109407

*Autoren:*
**Till Bamberg**
**Holger Borgstedt**
**Christopher Feldmann**
**Bernhard H. Heidkamp**

*Lektorat:*
**Holger Borgstedt**
**Bernhard H. Heidkamp**

---

## Bild-Quellen der Screenshots:

**Ein Sarg aus Hongkong** © DVD: Filmjuwelen / Al!ve AG
**Human Time Bomb** © DVD: New Line Home Entertainment
**Piranha** © DVD: Best Entertainment
**Harte Ziele** © Blu-ray Disc: Koch Media
**Bring mir den Kopf von Alfredo Garcia** © Blu-ray Disc: Koch Media
**Taranteln** © DVD: Imperial Pictures
**Feuer und Eis** © DVD: Capelight
**Total Reality** © DVD: KSM / Attraction Movies
**Thor - Der Unbesiegbare Barbar** © DVD: MIG / EuroVideo (Barbaren Box Vol. 1)
**Nighthunter** © Blu-ray Disc: NSM
**Joshua Tree** © Blu-ray Disc: Breu Media
**Laura II - Revolte im Frauenzuchthaus** © DVD: X-NK
**Grossangriff der Zombies** © Blu-ray Disc: CMV / NSM Records

### Informationsquellen:
www.retro-film.info
www.wikipedia.de
www.schnittberichte.com
www.ofdb.de
www.imdb.com
www.amazon.de
www.themoviedb.org

Besucht uns doch auf auf Facebook unter:
www.facebook.com/retrofilmblog

Video Freaks Volume 4 erscheint August 2017

Vergessen war gestern, wir sprechen darüber!